破解希特勒

Anmerkungen zu Hitler

德意志
三部曲
3

賽巴斯提安．哈夫納◎著　周全◎譯
SEBASTIAN HAFFNER

周全譯序

歷史科學與社會大眾之間的橋樑

哈夫納無意寫出「標準答案」。他的態度可大致表達如下：我已經說出了自己的看法，也歡迎你們和我一起思考並提出反駁意見；我不怕你們罵我，如果你們說得有理，我會在下一篇著作裡面公開澄清道歉，但如果你們覺得我講得有理，那麼不妨也聽聽我的意見。

*本書除特別標示「原文注」外，所有隨頁注皆為譯者注。

本書德文版原名《註解希特勒》（*Anmerkungen zu Hitler*），為有關希特勒的經典名著（中文版改稱《破解希特勒》）。作者去世的次日，《柏林晨間郵報》（*Berliner Morgenpost*）發表專文指出：「一位學者所能做出的最大貢獻，就是把千頭萬緒的事物解釋得淺顯易懂。沒有第二個人能夠像哈夫納那樣，以簡明而通常非常貼切的方式，把錯綜複雜的德國十九、二十世紀歷史表達清楚。……對有心研究二十世紀歷史的人士而言，至少有兩本哈夫納的著作是不可錯過的：其有關邱吉爾（一九六七）與希特勒（一九七八）的撰述。」

這個說法中肯說明了本書作者對歷史研究所產生的意義，而一九七八年初版的《破解希特勒》即為哈夫納寫作生涯的分水嶺。之前他是德國最著名的政論家，以及德國新聞界最獨樹一幟的人物；此後他也因為對十九、二十世紀德國歷史的獨到見解，被視為最成功的德國歷史專論作家。

哈夫納的歷史著作皆暢銷不衰，引起熱烈反應。例如這本成名作曾連續四十三週在德國暢銷書排行榜名列前茅，至今仍為評價最高、銷路最廣的希特勒專論。他一九八七年完成的《從俾斯麥到希特勒》，則為許多德國高中的補充教材。二〇〇〇年出版的遺作《一個德國人的故事》更於連續暢銷一年之後，被德國新聞界列為學生必讀的五十本書籍之一。國際間無論是書評界或一般讀者，均不斷對哈夫納的撰著做出如下的評語：「言簡意賅，深入淺出」、「令討探同一主題的長篇大論瞠乎其後」、「足可取代一整個書架的報導文學作品」、「若無暇讀長篇大論，讀哈夫納的書即已足夠」。

哈夫納為何如此受人矚目？其中的關鍵就在於他以客觀的態度、卓越的分析能力和「德語地區幾乎無人可出其右」的文字，扮演了傑出的仲介者角色。為了明瞭這一點，我們不妨先簡單回顧一下他的生平。

哈夫納原名萊蒙德·普雷策，來自一個略帶保守色彩的自由派家庭，一九〇七年十二月二十七日生於柏林，一九九九年一月二日卒於柏林。其父為文學熱愛者及普魯士教育部的高級專員，使他自幼得以接受良好的古典及現代文學教育，培養出第一流的文筆。哈夫納本身是法學博士，能夠像法官判案一般以精確的文字來闡明事實。以他的才學和背景，原有在德國政界大展鴻圖的機會。可是當他攻讀博士學位並在各級法院實習之際，希特勒突然出任總理。哈夫納從此無意於仕途而在新聞界發展，然後於一九三八年拋下德國的一切，與猶太裔未婚妻移居英國。

二戰爆發後，哈夫納在英國《觀察家報》（*Observer*）擔任記者，以向英國人解釋德國為己任。為避免牽累德國的親人，他結合了作曲宗師賽巴斯提安·巴哈（Sebastian Bach）姓名的前一半，以及莫札特《哈夫納交響曲》（*Haffner-Symphonie*）的標題名稱，藉由這個筆名展現自己對「另一個德國」的懷戀之情。此後他即以賽巴斯提安·哈夫納之名卓然於世。一九四七年時，哈夫納正式成為英國公民，可是他與德國的情緣並未因此而告結束。

七年以後，他返回柏林擔任《觀察家報》駐德特派員。又過了七年，也就是東德蓋起柏林圍牆那一年（一九六一），他重新投效德國新聞界，此後的職志改為向德國人解釋自己的國家。他先為中間偏右的《世界報》（*Die Welt*），而後為中間偏左的《明星週刊》（*Stern*）撰寫專欄。但哈夫納終其一生維持自由派的風格，始終以「中間選民」自居。他在德國新聞界無法被歸類為左派或右派，甚至有「永遠的異議人士」或「變色龍」之稱，可是沒有人為了這一點而貶低他。其中的原因就在於他「只問是非，不看立場」。

譯者曾在《一個德國人的故事》譯序中，說明了哈夫納在一九六八年的兩個著名事件：當時西德政府準備查禁極右派的「國家民主黨」（NPD），他立即提出反對：「黨禁意謂議會民主因為畏懼死亡而進行的自殺！」西德政府稍後也鐵腕鎮壓左派學生的「議會外反對運動」（APO），於是他和學生一起走上街頭。現在我們亦可指出他的另一事蹟：德國於二戰後損失了四分之一的領土，而西德成立之初乃由右派保守人士當政。當時西德地圖畫出的仍為一九三八年以前的德國國界，失土則以虛線標示。哈夫納卻敢冒天下之大不韙，一再於政論中表示：冤冤相報何時了？他的極力鼓吹，間接影響到六〇年代末期「社會民主黨」（SPD）政府的東方政策，促成西德與東歐鄰國和解，宣布放棄一切失土。從此德國不再是令歐洲人擔憂的對象，這不能不歸功於哈夫納的深謀遠慮和前瞻性。

哈夫納最令人津津樂道的特點，就是有辦法以敏銳目光找出問題的癥結所在，然後以優美簡潔的文字進行深入的分析，用三言兩語勾勒出人物或事件的全貌。他從別人意想不到的角度來說明真相、立論一針見血、表達的方式時而驚世駭俗，這些都迫使讀者與他產生互動關係，不再是被動的閱讀者，而成為積極的共同思考者。其激化的表達方式雖然時而招致非議，但這正是哈夫納引人入勝之處，也就是本書前言所說的：「他天賦異稟，有辦法將論點極度尖銳化，以石破天驚的方式，把眾人習以為常的事物改弦更張呈現出來，藉此發人深省。」

哈夫納同時是德國人和英國人，再加上其妻為猶太人，使他具有更佳的仲介人資格。比方說，希特勒、納粹、二戰和猶太人……等問題在戰後的德國一直是忌諱。各級學校只提供負面教材，德國歷史學家一談起那個時代往往畏首畏尾，只敢一面倒地嚴詞批判，以免動輒得咎。可是這種做法不夠客觀，無法把希特勒上台的原因講清楚：德國出過第一流的哲學家、文學家、音樂家和科學家，希特勒若沒有過「好的一面」或吸引人的一面，納粹又怎麼可能統治該國長達十二年之久？哈夫納特殊的個人背景，讓他可以自由揮灑，更何況他曾於「第三帝國」全盛期投奔英國而與納粹為敵，不必擔心被斥為「希特勒的餘孽」。哈夫納行文時敢講納粹「好的一面」——例如本書的七章之中，分別有一章講述希特勒的〈成就〉與〈功業〉。可是他隨即透過〈謬誤〉、〈過失〉、〈罪行〉和〈背叛〉，說明了那些「好的一面」的真正意義何在。最後他把希特勒罵得更兇，但不給德國人開脫責任的藉口，這又讓一般德國人讀得不太舒服，覺得受到污衊。

哈夫納敢講真話，並且從不理會自己的政治立場「正確」與否。雖然許多人為此而對他不高興、許多人對他的某些論點無法完全同意，但這反而是他難能可貴和令人信服的地方。此外，他的歸納分析能力固然過人、他的文筆固然無人能及、他的論點固然令人耳目一新，但這些仍不足以完全說明其著作膾炙人口的原因。另外一個重要的因素，就在於他透過每個德國人都讀得懂的文字，把歷史拿來作為一面鏡子，讓尋常百姓也能夠於思考之後獲得啟發並產生共鳴。

柏林市長狄普根（Eberhard Diepgen）曾於作者身後發表悼詞指出：「哈夫納的一生，體現出許多德國人在本世紀的命運。」《柏林晨間郵報》也表示：「哈夫納不僅寫出了德國歷史，他本人就因為德國歷史而深受磨難。」哈夫納出生於德意志帝國轄下的普魯士王國；他去世的時候，德國的國名則為德意志聯邦共和國。中間他分別經歷了第一次世界大戰、德國的戰敗和革命、帝國的解體、革命後的混亂、威瑪共和、納粹時代、二戰、德國再度戰敗並亡國、美蘇英法四國占領區、普魯士被戰勝國「宣判死刑」、分裂的德國、冷戰、德國的再統一、歐洲的整合。於是他在九十一年的生命當中，密集地現場目睹許多歷史事件，產生了特別強烈的歷史意識。

哈夫納雖非學歷史出身，卻擁有比不少歷史學者更加優越的條件：他很長壽、親歷了許多重大歷史事件、具有過人的分析判斷能力、他的表達能力在德語地區罕有人可出其右，而且他使用的是一般人讀得懂的文字。因此任何有關哈夫納的撰述都會強調他最重大的意義：歷史科學與大眾之間的橋樑。像《世界報》即曾以專文揭開「哈夫納效應」的秘密：「人們一直想找出這位德國最偉大政論家的謎底。……答案就在於：哈夫納寫的正是自己的經歷，並從個人的記憶之中，得到取之不盡、用之不竭的材料。不論是一九七八年出版的《破解希特勒》或翌年出版的《不含傳說的普魯士》……他始終在講述自己與德國之間的關係。」「這個題材就是他一生反覆省思的對象。這種一以貫之的持續性——歷史省思背後的自我省思——使得他的著作具有旁人無法企及的強度與力量。」

那篇報導連帶也說明了哈夫納的著作為何得以歷久彌新。更何況當他講歷史的時候，其實是講現在；而當他講現在的時候，已經在探討未來。甚至從他最著名作品成書或出版的時間也看得出其中的玄機。我們可將之表列如下：

《論德國之雙重性格》（1940）：二戰爆發後英德開始交戰。

《德意志帝國於一戰時的七大死罪》（1964）：一戰爆發五十週年。

《邱吉爾》（1967）：邱吉爾逝世二週年，作者移居英國三十週年的前夕。

《背叛》（1968）：德國一九一八革命五十週年。

《破解希特勒》（1978）：德國一戰戰敗六十週年，作者離開納粹德國四十週年。

《不含傳說的普魯士》（1979）：西柏林開始盛大籌備一九八〇／八一年的普魯士特展。

《一九一八／一九：一場德國革命》（1979）：一九一八年十一月革命六十週年。

《歷史變奏曲》（1985）：德國二戰戰敗四十週年。

《從俾斯麥到希特勒》（1987）：普魯士被二戰戰勝國「宣判死刑」四十週年。

《魔鬼的協定》（1989）：希特勒與史達林簽訂《德蘇互不侵犯協定》六十週年。

《一個德國人的故事》（1939/2000）：希特勒上台六週年、第二次世界大戰爆發。

無怪乎克諾普教授在本書的前言中表示：「哈夫納是名副其實的全民作家，他在大戰結束以後，透過書籍、專欄及隨筆，獨自向德國讀者傳播歷史知識與歷史意識。」而德國《時代報》（*Die Zeit*）對他一生的總評是：「一個動盪時代冷靜的編年史家」。

但這位「編年史家」並未受到德國史學界的一致歡迎。一般歷史學者往往僅能透過史料和目擊者的見證來撰述分析，同時套用一些理論和術語作為奧援。可是這位歷史事件的目擊者不但本身就是活生生的史料，他找尋資料和進行分析的功夫至少與歷史學者一樣好，而且他不需要理論和術語就可以把問題解釋得一清二楚。結果德國歷史學者長篇大論、詰屈聱牙的著作多半只能在象牙塔裡面供少數人閱讀；哈夫納直搗核心、簡明扼要的書籍卻一本接一本成為德國出版界的長青樹。這自然讓人很不是滋味，況且這個「活史料」打破了許多歷史神話：例如他指出大多數德國人在納粹時代並非純粹的受害者；或希特勒最大的罪行不在於發動戰爭——因為那不論在他的時代或在今天都是一再有人做出的行為——而是蓄意滅絕猶太人。

希特勒有不少決定並未留下書面文件，因此史家經常必須藉由推斷來判定事情的原委。哈夫納在本書中也做出了許多推斷，這些「看似信手拈來的哈夫納論點」即曾不斷遭受史學界的攻詰。但後來的歷史研究已逐一證明，攻詰的理由泰半無法成立。例如本書受到最多攻詰之處，就是哈夫納認為德軍一九四一年十二月在莫斯科攻勢受挫，導致希特勒認為大勢已去，於是對美宣戰以便放手屠殺歐洲猶太人。即使是克諾普教授（哈夫納的支持者），也在本書前言中認為「這個推論非常大膽，而且與反對意見同樣無法得到證實」（前言發表於一九九八年）。

可是就在一九九七年底，一位名叫格拉赫（Christian Gerlach）的德國歷史學家有了重大發現。德國史學界原先的普遍看法，是希特勒在權力臻於巔峰之際（一九四一年夏）做出決定要「解決歐洲猶太人問題」。甚至有些歷史學家認為滅絕猶太人的行動乃「擦槍走火」，與希特勒本人「並無關聯」。格拉赫卻在納粹宣傳部長戈培爾的日記中找到線索——希特勒於一九四一年十二月十二日（對美宣戰的次日）召集黨內要員舉行秘密會議。戈培爾於會後寫道：「元首已下定決心要徹底解決歐洲猶太人問題。他曾經向猶太人做出預告，如果他們再度導致世界大戰爆發，便將面臨毀滅的命運。這絕非虛張聲勢而已。世界大戰已經來臨，猶太人的滅絕將為其必然後果。」六天以後，希特勒在「狼穴」當面向黑衫隊頭子希姆萊確認自己的決定，希姆萊隨即在行事曆上面做出註記：「猶太人問題／視同游擊隊加以滅絕」。最後黑衫隊於一九四二年一月二十日舉行「萬湖會議」，決定了「猶太人問題的最終解決」之相關細節。

因此，即使是哈夫納最受爭議的論點，也已經在本書初版二十年之後「被學術研究人員殫精竭慮事後加以證實」。這又一次證明了哈夫納的分析判斷能力絕非浪得虛名。哈夫納終其一生幾乎是以個人來對抗整個社會，喚醒了德國人的歷史意識，使得他們勇於誠實面對自己的過去，以便坦然走向未來。時至今日，德國人研究邱吉爾，必讀他的《邱吉爾》；研究希特勒，必讀他的《破解希特勒》和《從俾斯麥到希特勒》；研究普魯士，必讀他的《不含傳說的普魯士》；研究希特勒上台的原因，必讀《一個德國人的故事》……。因此《柏林晨間郵報》在悼念哈夫納專文的結尾稱讚道：「只有少數人能夠像他那樣前後一貫，以自己的良知作為行事時的唯一尺度。……他廣泛地促成德國人正視自己的過去。一位政論家所能做出的貢獻莫過於此。」

《時代報》的一篇報導更對哈夫納歷史撰著的價值總結如下：「哈夫納的光芒同時反映出德國史學界的不足。對德國史學界來說，任何寫作能力卓越的人士都可能被譏為『歷史文藝作家』。……其實專業歷史學者可以從哈夫納學到許多東西——除了學習如何撰寫歷史之外，亦可學會如何破解歷史所傳達的秘密訊息，並從各種專有名詞和理論的背後發掘出事件的真相。」

本書是哈夫納最先發表的希特勒專論，但並非他第一本有關希特勒的論述。一九三九年收筆的《一個德國人的故事》雖然撰寫最早，反而出版於作者去世一年半以後。《破解希特勒》與《一個德國人的故事》都是哈夫納最膾炙人口的著作。後者是自傳體的論述，將德國歷史視為個人生平的一部分，以現場目擊者的口吻說明了納粹如何一步步滲入每個德國人的生活領域。《破解希特勒》則以事後回顧的方式，將希特勒現象濃縮成七個論題，從不同的角度和觀點來進行探討，並以清晰的語言反駁了一些常見的有關希特勒的偏見，使得尋常百姓也可以明瞭希特勒真正的目標和意圖何在。《一個德國人的故事》解釋了「前因」，《破解希特勒》則說明了「後果」。把這兩本書合在一起閱讀以後，讀者應可發現希特勒不再是一個難解的謎團。

哈夫納無意寫出「標準答案」。他的態度可大致表達如下：我已經說出了自己的看法，也歡迎你們和我一起思考並提出反駁意見；我不怕你們罵我，如果你們說得有理，我會在下一篇著作裡面公開澄清道歉，但如果你們覺得我講得有理，那麼不妨也聽聽我的意見。他以理服人，但是文字中預留了討論的空間；他提出各種「註解」（論題），讓人深思、爭辯、進行建設性的討論，使得真理越辯越明。這種做法的結果，可以用哈夫納臨終之前不久的說法表達如下：「最令我欣慰的地方是，每當我發表新作的時候，幾乎全國對我一致口誅筆伐。可是後來大家居然同意了我的論點！」

古多・克諾普[1]前言
Vorwort

註解哈夫納
Anmerkungen zu Haffner

哈夫納以卓絕的方式指出，一個盛極一時的講法——「歷史不是由人所創造出來的，社會經濟結構才是歷史的創造者」——無法適用於希特勒。歷史先創造了他，然後他創造了歷史。如果沒有他的話，其殺戮帝國便失去了惡意激情的核心，而將無以為繼。如果沒有他的話，魑魅魍魎即散逸無蹤。他是最後一個向歷史行兇的人。

有些書籍是永不過時的，《破解希特勒》即為其中之一。它不但不會蒙上塵埃，反而可以歷久彌新，縱使再過了二十年之後仍將如此。

首先，這必須歸功於作者本身。賽巴斯提安·哈夫納撰寫他這本最重要著作的時候，已經年屆七十。這是人生將盡之際的作品？絕非如此！當哈夫納於隨後二十年內發表有關德國當代歷史的論述時，人們只會感受到一股信心十足的蓬勃朝氣。那來自一個勇於思考、不知老之將至，而且比激進的青年人還要勇敢和年輕的人物。

是什麼因素使他這麼令人信服？哈夫納從不向威權低頭屈服。他經常以絆腳石的姿態出現，有時更完全棄自己的前程於不顧。莫非他是一位學養豐富的老頑童？沒錯，而且他更是一位才高八斗的仲介者，成為歷史科學與社會大眾之間的橋樑。

與其他國家相較之下，這種仲介者角色在德國具有更加重要的意義。因為就我國而言，沒有任何事物能夠像自己的當代歷史這般，受到如此激烈的爭論。我們只需回顧一下「戈德哈根辯論」[2]或「國防軍論戰」[3]，便不難理解此點。

這位非主流人士於是應運而生：他並非歷史學者，反而一度為法學專家。他更談不上是學術工作者，實乃專欄作家，不過如此而已。但是他的寫作能力，在德語地區幾乎無人可出其右：其語言強而有力、扣人心弦、優美雅致並富於獨創性。哈夫納是名副其實的全民作家，他在大戰結束以後，透過書籍、專欄及隨筆，獨自向德國讀者傳播歷史知識與歷史意識。這是旁人所無法企及的。有人因此對他心生不滿，其功成名就更招來了妒忌者。

哈夫納醒目而獨具一格的移民者特質，主要烙印於流亡英國的時期：[4]在英倫三島以及整個英語地區，歷史撰著不必為了故做正經而採用令人難以理解的表達方式。而且沒有人能夠像哈夫納那樣技巧精湛，把雜亂無章的史料去蕪存菁，以所獲致的結論激發出讀者的想像能力。

1 古多・克諾普（Guido Knopp）為德國著名歷史學家及新聞學教授。自一九七八年起在「德國第二電視台」（ZDF）製作及主持以現代史為主題的節目，藉此增進德國大眾對歷史之認識。克諾普著作等身，曾因電視專題報導多次在歐洲獲獎，並獲頒德國聯邦功績獎章。

2 戈德哈根（Daniel Goldhagen, 1959-）乃哈佛大學政治學教授，一九九六年發表《希特勒心甘情願的劊子手》（*Hitler's Willing Executioners: Ordinary Germans and the Holocaust*）一書，在國際史學界引起激辯。書中主要論點為：「德國較他國具有更深厚的謀殺性反猶太傳統」。其研究對象局限於一營派駐波蘭執行槍決的納粹德國警察，卻在結論中一竿子打翻所有德國人，並淡化處理他國的反猶太主義，此為其廣受爭議之處。

3 「漢堡社會研究所」自一九九五年起巡迴舉辦「國防軍展覽」，展出的照片錯誤百出，但此後的辯論焦點並非照片，而是德軍是否曾於一九四一至四四年之間，集體參與滅絕猶太人及其他犯罪行動（一般人迄今認為黑衫隊應對此負責）。該展覽不分青紅皂白將國防軍成員均斥為謀殺者，引起極大爭論。

4 哈夫納原名萊蒙德・普雷策，一九三八年流亡英國之後以賽巴斯提安・哈夫納的筆名從事寫作，以免牽累留在納粹德國的親人。

哈夫納曾經表示，《破解希特勒》應該是他最喜愛的著作。這也是我最心儀的書籍。本書一九七八年出版之後不久，我就首度接觸到它，並在一夜之間閱讀完畢。只要一開始展讀以後便愛不釋手，為書中的立論及文字所深深吸引。希特勒好像就躺在長沙發上：他的生平、成就、功業、謬誤、過失、罪行、背叛皆一覽無遺。一切都臚列得條理分明，解釋得超群絕倫。

本書曾受到狂熱的讚揚，但也經歷了激烈的抗拒。這就是哈夫納一直以來的寫照。他天賦異稟，有辦法將論點極度尖銳化，以石破天驚的方式，把眾人習以為常的事物改弦更張呈現出來，藉此發人深省。

我個人與「希特勒」這個世紀論題之間的關係，也受到本書深遠的影響。我曾經於其啟發之下，一九七八年在自己的家鄉阿沙芬堡舉辦了一場名為「今日希特勒」的研討會，邀請各國學有專精的希特勒研究者及專論作家來共襄盛舉。哈夫納在閉幕時的電視專訪中表現得燦爛奪目。

讓本人或多或少引以為傲的是，《破解希特勒》隨即膾炙人口。哈夫納於國際研討會的閉幕論壇中曾表示，現在還不能說已經激起一股探究希特勒的浪潮：「而且我這本書被接納的程度，距自己的期望還有很大落差。」可是兩個星期以後，這本論述就在暢銷書排行榜名列前茅。

假如沒有哈夫納的《破解希特勒》，我根本就不可能在隨後十五年多一點的時間內，寫出自己的希特勒專論。目前的研究結果，已經多方面接近他當初所做的解釋。許多看似信手拈來的哈夫納論點，也已經被學術研究人員殫精竭慮事後加以證實。如果我必須列出三本研究希特勒時必不可少的參考書籍，那麼它們分別就是哈夫納、費斯特[5]及耶克爾[6]的著作。

本書出類拔萃之處何在？它沒有長篇大論，也不會賣弄學問，不似德國的學術著作一再喜歡把詰屈聱牙視為學術價值的同義詞。本書的內容緊湊，把焦點集中於對事件本身的描述，於是在一個雜亂無章的叢林中，為我們對希特勒的認知另闢蹊徑。

除此之外，本書非常尊重自己的讀者，以其興趣為著眼點，同時更顧及他們對主題瞭解的程度。《破解希特勒》一書不但可在二十年以後繼續對術業有專攻的學者帶來啟發，同時它也是為那些感興趣的門外漢而寫的最佳讀物。也就是說，它同時適合戈

5 約阿希姆・費斯特（Joachim Fest, 1926-2006）為著名德國歷史學家及新聞記者，以其希特勒傳記享譽一時。費斯特並為著名德國電影《帝國毀滅》（*Der Untergang*）擔任拍攝顧問。

6 埃伯哈特・耶克爾（Eberhard Jäckel, 1929-）為著名德國歷史學教授，因為對納粹主義的研究而名聞國際。

羅・曼[7]與公孫大娘閱讀。戈羅・曼少不得已經對哈夫納的這本作品做出評介，並向之表達敬意。而若無本書的話，數十萬個張三李四將無緣對希特勒那名世紀首惡，產生更進一步的認識。

本書的長處尤其在於，它並非另外一本希特勒傳記。它以兩百頁左右的篇幅來描繪希特勒，這使得全書的要點和主軸一目了然，教人迫不及待想一口氣把它讀完。我們或因時間有限、或出於厭煩，只會把那些長達千頁的巨著拿來隨手翻閱一下。這本書卻不然，而且在我看來，縱使無法完全同意書中論點的人，照樣可以讀得津津有味。

書中內容前後一貫，於理智中充滿激情、在說服力十足的論述後面悶燒著怒火，更何況它絕對不是一本畏首畏尾的著作。哈夫納一開始對希特勒相當禮遇：他當然完成了一個「經濟奇蹟」；他當然在很大程度內將德國人團結在自己背後；他當然在某些目標上早已得到德國人的認同，諸如進軍萊茵區、合併奧地利、占領蘇台德區等行動，[8]皆受到當時大多數德國人的熱烈喝采。這些「鮮花戰爭」均廣受歡迎。國境之外的德國人得以「重返祖國」，不但未曾開戰，更進而廢除了「不義的凡爾賽和約」——難道有誰能夠對此提出異議嗎？只不過其中出現了極大的誤解，希特勒心中想要的不僅於此——他企圖征服東歐並滅絕猶太人。希特勒隨即繞了一個大圈子對此展開行動，而且對俄作戰與滅絕猶太人之間有著密不可分的關係。自從在莫斯科門外遭受重挫以後，亦即從一九四一年十二月開始，希特勒已經預料到戰敗勢所難免。既然第一個狂想已經無從實現，那麼他至少也要完成第二個狂想——滅絕猶太人。

這個論點難以反駁，但也令人驚懼：那麼說來，在三年半的時間裡面，數百萬德國軍民必須喪命，讓希特勒有時間來謀殺數百萬猶太人。於是進行了慘烈的戰役、經歷了血腥的戰鬥、頒贈了無數的「騎士十字勳章」，並在「備極哀榮」之下舉行了葬禮——以確保毒氣室與焚屍爐能夠及時運作？

7 戈羅・曼（Golo Mann, 1909-1994）為著名德國歷史學家、作家及哲學家，乃名作家湯瑪斯・曼之子。其博士論文指導教授為存在主義哲學大師雅斯培。

8 一戰結束後，德國的萊茵地區被戰勝國劃定為非軍事區。一九三六年三月七日，希特勒下令三萬德軍開入萊茵區，正式撕毀凡爾賽和約。西方各國除口頭抗議外並未採取行動，五個月之後的柏林奧運會亦照常舉行。進軍萊茵區因而提高了希特勒當時在德國的聲望。

合併奧地利：德軍於一九三八年三月十二日開入奧地利，希特勒於十五日在維也納宣布：「我的故鄉加入德國。」四月十日德奧舉行公民投票確認兩國合併（奧地利：百分之九十九點七三，德國：百分之九十九點零一）。

占領蘇台德區：廣義的「蘇台德區」面積超過兩萬平方公里，自北、西、南三面包夾波希米亞，原屬奧匈帝國，其三百萬居民為德裔。一戰結束後，戰勝國禁止奧地利與德國合併，並將蘇台德區劃歸捷克。慕尼黑協定之後，德軍於一九三八年十月一日開入蘇台德區，將之併入納粹德國。

以上三次軍事行動與希特勒日後的征伐不同，均受到當地百姓熱烈歡迎，故稱為「鮮花戰爭」。

希特勒的士兵主觀上認為，自己一直是為了「民族與祖國」而戰。可是實際上──那也就是被濫用的「國防軍」之悲劇──在他們所固守戰線的後方，大屠殺得以被貫徹到底。等到戰爭接近尾聲的時候，又出現了謀殺自己民族的嘗試，因為德國人證明自己只是一群「軟弱者」。哈夫納所得出的結論為：「最後希特勒表現得就像一個養馬場的主人，在失望之下心生暴怒，於是把自己最好的馬匹活活打死，因為牠們無法在比賽中獲得勝利。」

希特勒未能完成的最後一個邪惡目標，就是要毀滅德國。

哈夫納這位作者也針對一個顯而易見、卻一再引起爭議的事實，開啟了我們的目光。此即歷史上並沒有自動出現的發展。希特勒的殺戮帝國絕非德國特殊發展路線所導致的必然結果。一條劫數難逃，從洛伊騰[9]經由朗爾馬克[10]通往奧許維茨[11]的死亡之路並不存在。那就跟所謂的馬丁・路德、俾斯麥、希特勒一脈相承的演進方向，同樣站不住腳一樣。

希特勒的「奪取政權」實際上僅為「渾水摸魚」而已。不論他再怎麼煽惑百姓，再怎麼進行宣傳攻勢，都無法幫助自己攫取大權。他之所以能夠上台的原因，乃出於一位老朽總統身旁的爾虞我詐權力遊戲，再加上本來應當捍衛那個羸弱共和國的各方勢力未能發揮作用。威瑪共和本來未必一定非失敗不可，縱使它覆亡的可能性居多，但並沒有命中注定會淪落至那種地步。

對於書中的某些論點，本人則持保留態度。比方說，我很懷疑一九三八年的時候，是否果真有百分之九十的德國人支持希特勒。我們在宣傳照片上面只看得見歡欣鼓舞的群眾，卻缺乏目睹其他人的機會。但依據一九三二年十一月舉行的最後一次自由選舉，希特勒上台之前不久的德國政黨光譜如下：納粹受到大約百分之三十五的選民支持。共產黨得到百分之十五的選票、社會民主黨的支持率在百分之二十上下、中央黨則為百分之十二，其他的小黨可略而不談。我們很難想像，那些黨派的支持者全部都死心塌地皈依了希特勒。更可能的情況是，當獨裁統治於一九三八年方興未艾之際，德國雖然有千百萬人不得不在「公民投票」時向希特勒投下贊成票，但他們心中依舊是社會民主黨人、共產黨員或虔誠的天主教徒。只不過他們再也無法藉由票匭來表態。

9 一七五七年十二月，普魯士國王腓特烈二世在西里西亞的洛伊騰，以「斜行陣」擊潰兵力兩倍於己的奧地利部隊，從此建立了普魯士軍隊戰無不勝的神話。

10 朗爾馬克為比利時西法蘭德斯省的小鎮，一戰時多次激戰的地點。一九一四年十月至十一月的戰鬥中，訓練不良的德國學生志願軍唱著「德意志之歌」(日後的德國國歌)，不顧機槍及砲火向敵軍陣地衝鋒，共陣亡二千餘人。在威瑪共和及納粹時代，朗爾馬克成為青年人英勇捨身為國的象徵。

11 奧許維茨位於波蘭西南部，乃最大的集中營及「毀滅營」所在地。遭納粹殺害的六百萬猶太人當中，約有三分之一在此被送入毒氣室。

書中的某些論點固然無法得到證實，但亦無損於本書的價值。就以希特勒向美國宣戰為例，此事發生於一九四一年十二月，即兵臨莫斯科城下作戰失利六天以後。哈夫納認為，其中並無合理動機可言。他做出的解釋是：從那個戰爭轉捩點開始，希特勒心中盤繞的念頭就是毀滅與謀殺，直到他自己被摧毀為止。他向美國宣戰，以便不必再顧慮西方的觀感，終於可以放手展開渴望已久的大屠殺，把歐洲凡是伸手可及的猶太人均列為誅除對象。如此一來，希特勒的百姓——德國人——將失去與西方國家單獨媾和的機會。

這個推論非常大膽，而且與反對意見同樣無法得到證實。雖然後者可以引用若干史料作為奧援，表示希特勒有鑑於一九四一年十二月七日美日之間爆發的戰鬥，於是向美國宣戰，藉此向日本展現對盟約的忠誠，並表達對盟友戰鬥意志的支持。其目的在於延長太平洋戰爭，預防出現片面締結的和約，以免美國很快即與日本議和，然後集中全力對付德國。

這個解釋看似合情合理，而且學術研究人員通常傾向於理性思考。可是難道希特勒也一直進行理性思考嗎？當然並不是這樣。那麼更何況是合情合理的行動呢？

關於希特勒的反猶太主義，情況則有所不同。哈夫納認為：「那打從一開始就像是他背上天生的隆肉一樣，始終與他如影相隨。」

實情應非如此。希特勒固然一再宣稱自己早在維也納時期就已經是不可動搖的反猶太主義者（「那是我的世界觀堅如磐石之基礎」），但事實上直到一九一九年九月以前，都沒有證據顯示希特勒曾親口說出反猶太言論。要等到一九一八年德國戰敗以及「慕尼黑蘇維埃共和國」[12]等經歷對他造成創傷之後，才喚醒其內心潛藏的反猶太主義，成為毒性與毀滅性十足的對猶太人之仇恨。

不過與哈夫納經得起時間考驗的真知灼見相較之下，這只是小小的不同意見而已。尤其過去從未有人能夠像哈夫納這般清楚描繪出來，希特勒走向大屠殺一途實乃其「世界觀」之必然結果。既然其中的第一個主要目標——征服「東方的生存空間」——在莫斯科城外已告落空，此後即完全著力於第二個主要目標——謀殺歐洲的猶太人。

在一九七八年的當時傳達這個深刻的理解，與今日具有同等的迫切性。德國從一九七〇年代開始，出現了一股詭異的「希特勒熱」。於其庇蔭之下，出發點錯誤的愛國主義動機乃將大屠殺草草帶過。而在商業化「希特勒浪潮」所激出的泡沫之間，那位「元首」被呈現為一個來自上薩爾茨貝格[13]的好伯伯，他輕拍巴伐利亞兒童的頭部，並餵養

12「慕尼黑蘇維埃共和國」成立於一九一九年四月，一個月後即遭敉平，其中要角多為猶太人。

13 上薩爾茨貝格位於巴伐利亞東南部德奧邊界，乃希特勒的山巔別墅所在地。

德國牧羊犬；一個天才洋溢，但時運不濟的歷史人物，那簡直像是薩伏那洛拉、克倫威爾和埃爾・熙德的綜合體。[14]

這將伊於胡底？有些教育家開始抱怨，在慕尼黑的青年休閒活動中心，年輕人當中已經冒出了真正的「希特勒文藝復興」。學徒和中學生（年齡大多介於十四至十八歲之間）在牛仔夾克上面繡著納粹萬字標誌、口述嘲諷猶太人的笑話。意見調查顯示，他們所認同的對象並非納粹意識型態，而只是「強有力的元首形象」。接著出版了一本由德國教育學家柏斯曼撰寫的專論，探討德國中小學生所曉得的希特勒。書中的佳句可摘錄如下：他是「瑞士郵差的兒子」、「西德的國王」、「一個共產黨虐待狂」。當時有一位女學童寫道，她希望多知道一些有關希特勒的事情；可是那些卷帙浩繁的書籍不但太貴，而且讓她看不懂。

哈夫納的這本書正是以她為對象，同時也是為某一派法西斯主義研究理論的信徒而寫的。那個流派當時仍僅僅將「第三帝國」視為「資本主義的鞏固者」，幾乎對其猶太人政策視而不見，還把大獨裁者的角色縮小為「壟斷資本集團之代理人」。那個圈子裡面的人士認為，若有誰著力於希特勒那名惡棍的傳記，只不過表現了於其身後對他的懷思。至於對希特勒的剖析，那更只是用偽科學來進行的個人崇拜。只有對法西斯主義的研究，才是唯一見得了人的東西。

哈夫納給了這兩種人一記當頭棒喝。他以卓絕的方式指出，一個盛極一時的講法——「歷史不是由人所創造出來的，社會經濟結構才是歷史的創造者」——無法適用於希特勒。歷史先創造了他，然後他創造了歷史。如果沒有他的話，其殺戮帝國便失去了惡意激情的核心，而將無以為繼。如果沒有他的話，魑魅魍魎即散逸無蹤。他是最後一個向歷史行兇的人。

這是玄之又玄的講法？其實，無知就是滋生對希特勒懷念之情的溫床。唯有對希特勒一無所知或所知有限的人，才有可能被他吸引。預防「希特勒氏症」這種傳染病的靈丹妙藥，就是增加對希特勒的認識。

希特勒與德國人之間的歷史關聯，未嘗因為希特勒的終結而告消失。哈夫納曾表示如下：「不論我們喜歡與否，今天的世界就是希特勒製造出來的結果。」

雖然一九七八年時的世界，與希特勒夢寐以求的景象完全相反：大獨裁者企圖從歐洲來統治世界，卻促成歐洲長達四十年的分裂，成為兩大外來超級強權的看管對象。

14 薩伏那洛拉（Girolamo Savonarola, 1452-1498）為佛羅倫斯的宗教及政治改革家，最後被羅馬教廷指控為異端而遭絞死焚屍。克倫威爾（Oliver Cromwell, 1599-1658）為英國革命之領導人及進行鐵腕統治的「護國公」，去世二年後政權即告瓦解。埃爾·熙德（Rodrigo Diaz de Vivar, El Cid）為中世紀的西班牙民族英雄，電影《萬世英雄》（*El Cid*）即以其為背景。

希特勒打算消滅共產主義，共產黨卻在當初他籌劃征服世界的同一個地點，統治了德國的一部分。

柏林圍牆倒塌之前，一分為二的歐洲就是對希特勒遲來的報復。身為希特勒繼承人的兩個德國，必須在東西兩大陣營的接縫處，各自成為己方盟主的核子人質。雙方疆土曾為原子大屠殺的可能戰場，以致德國人恐怕唯有在亂葬崗裡面才得合而為一。這場惡夢已成過去，如今德國已經重獲統一、共享自由，這是多麼大的好運與恩賜！可是我們並未因此而自由於希特勒之外。

希特勒幽暗的身影依然歷歷在目。那個奧地利人仍舊是全球最著名的德國人——排在碧根鮑華、赫爾慕特·柯爾和波里斯·貝克前面。[15]我們德國人都是希特勒的傳人，不論自己是否心甘情願。

哈夫納的著作使我們對此產生了清楚的認知。本書讓我們明白，希特勒真正的凶兆並非戰爭所帶來擺在眼前的恐怖，而為潛藏於其心中的犯罪意圖。此即奧許維茨。它告訴我們，人類對人類可以是多麼的殘暴——消滅自己的同類，並按照預定計劃進行機械化、既有系統又徹底的大規模謀殺。

希特勒留下來的晦暗遺產，就是我們德國人的沉重負擔。既然我們曾經把票投給他、既然我們曾經允許奧許維茨存在，那麼我們又如何能夠真正信賴自己呢？希特勒的遺產意味著依舊受到限制的行為能力，使我們無法坦然面對現在與未來。

如果我們不想繼續充當希特勒的人質，就必須不斷探討德國的傷痕——希特勒——並且要一再進行下去。如果我們遮遮掩掩，那個傷痕就會困擾我們。如果我們迎上前去，它就會遠離我們。為了更加瞭解希特勒、更加清楚因他而起的浩劫，本書始終都是我們的最佳讀物。

15 碧根鮑華（Franz Bekenbauer, 1945-）為德國足球明星及名教練，有「足球皇帝」之稱。赫爾慕特・柯爾（Helmut Kohl, 1930-2017）為德國前總理（1982-1998），東西兩德於其任內獲得統一。波里斯・貝克（Boris Becker, 1967-）為一九八〇年代的德國網球金童。

第1章

生平
Leben

許多名人傳記往往在主人翁的姓名下面加上一個副標題：「他的一生和他的時代」，有關個人生平及當代歷史的章節交互出現。大量鋪陳的歷史事件構成了時代背景，書中的主角則色彩鮮明位於前景部分。希特勒的生平卻無法如此描繪出來。其值得一提的作為，均與當代歷史融為一體，因為它們就是當代歷史。年輕時的希特勒反映出當代歷史；中期的希特勒仍然反映當代歷史，但是也實地參與；晚期的希特勒則決定歷史。歷史先創造了他，然後他創造了歷史。

阿道夫・希特勒的父親是白手起家者。身為一個女佣的私生子，他有辦法力爭上游成為高階公務員，辭世的時候不但受到尊重，而且事業有成。

其子一開始卻甘居下游，不但無法自中學畢業，也未能通過維也納藝術學院的入學考試。他在十八至二十五歲之間先後定居於維也納和慕尼黑，既無職業亦無前程規劃，過著提前退休的日子和「波希米亞人」式的放蕩不羈生活。他藉著遺族撫卹金和間或出售圖畫所得的收入來糊口。一九一四年戰爭爆發以後，他自願加入巴伐利亞陸軍[1]，在前線服役四年。希特勒曾因作戰英勇獲頒一級與二級鐵十字勳章，唯因缺乏領導統御才能，從未晉升至高於一等兵[2]的軍階。後來他為毒氣所傷，在後方的軍醫院經歷了戰爭的結束。接著他棲身軍營長達一年之久，依舊沒有職業規劃，前途黯淡無光。當時他已年屆三十。

就在這個年紀，他於一九一九年秋加入一個極右派小黨，很快便於黨內扮演舉足輕重的角色。其政治生涯自此展開，最後更讓他成為歷史人物。

希特勒生於一八八九年四月二十日，卒於一九四五年四月三十日，也就是說，他差不多剛好活了五十六歲，略短於正常人的平均壽命。其最初的三十年與隨後的二十六年之間，顯然有著難以解釋的巨大落差。他在整整三十年內只是一個庸庸碌碌的失敗者，接著幾乎於倏忽之間成為地方性的政界要人，最後全球政局就繞著他打轉。這一切又該如何湊到一起？

上述現象曾經多方面為人所探討，但這個落差只是表面上如此而已，實際上並不存在。其理由不僅因為希特勒從政的最初十年依舊破綻百出，也不光是因為希特勒這號政治人物最終仍以失敗收場，而且這回是一敗塗地。最主要的原因在於，希特勒的私人生活縱使於其人生的第二個階段，也就是當他成為公眾人物以後，依然內容貧乏、差勁透頂。反之，若仔細觀察他政治方面的內心世界，便可發現早在他最初幾十年無足輕重的那段時期，即已顯露出許多影響其日後發展的不尋常特質。

希特勒一生當中的分割線，切出來的不是橫斷面，而是縱剖面。也就是說，他並非在一九一九年之前只有軟弱和失敗，在一九二〇年以後卻只有力量和成就。無論是此前或此後，其政治生活的強烈程度皆不同凡響，而其私人生活則貧乏得非比尋常。戰前那個庸碌的「波希米亞人」，早已浮沉於當代的政治事件之中，彷彿已經是政治巨頭一般。當他成為「元首」及德國總理之後，卻表現得像是一個平步青雲的「波希米亞

1　德意志帝國多少仍具有邦聯的性質，並無統一的軍隊。除普魯士之外，其他較大的邦國（如巴伐利亞、薩克森、符騰堡等王國）仍握有自己的陸軍。巴伐利亞陸軍甚至唯有在戰時才直接接受德皇（普魯士國王）指揮。

2　一般關於希特勒的英文資料，通常將其軍階譯為「下士」。但希特勒的最高軍階——「Gefreiter」——在現代德語乃倒數第一及第二的軍階，只能說是一等兵。

人」。決定其一生的特質，就是一成不變的單維性。

許多名人傳記往往在主人翁的姓名下面加上一個副標題：「他的一生和他的時代」。不過「和」這個字，分隔的成分居多，連結的成分較少。有關個人生平及當代歷史的章節交互出現。大量鋪陳的歷史事件構成了時代背景，書中的主角則色彩鮮明位於前景部分。他時而超脫於那些事件之外，時而又涉足其中。希特勒的生平卻無法如此描繪出來。其值得一提的作為，均與當代歷史融為一體，因為它們就是當代歷史。年輕時的希特勒反映出當代歷史；中期的希特勒仍然反映當代歷史，但是也實地參與；晚期的希特勒則決定歷史。歷史先創造了他，然後他創造了歷史，這是值得進一步探討的課題。希勒特一生當中所呈現出來的現象，基本上就是諸事落空，而且一九一九年之後和之前均如此。我們可將之概述如下。

在他的生命當中，不論是「之前」也好，「之後」也罷，都欠缺了一切能夠讓人變得穩重、溫暖和有尊嚴的正常事物：教育、職業、愛情與友誼、結婚、生子。除了政治與政治激情以外，那是一個沒有內涵的生活。這種生活雖然未必就讓他不快活，實際上卻輕如鴻毛、頭重腳輕，而且輕易就可以拋棄。於是希特勒的政治生涯伴隨著不斷的自殺意圖，而且彷彿理所當然一般，到頭來確實以自殺收場。

大家都曉得，希特勒既未結婚亦無子嗣。[3]就連愛情在他的生命當中，也只扮演了極不尋常的次要角色。他一生中有過幾個女人，但為數不多。她們只是花瓶而已，而且希特勒讓她們很不幸福。愛娃．布勞恩因為遭到忽視及不斷承受屈辱（「他光是為了某些特定目的才會需要我」），曾經苦悶得兩度自殺未遂。[4]她的前任，希特勒的外甥女葛莉．勞巴爾[5]則果真自殺——或許正出於同樣的因素。無論實情如何，當時希特勒正出遠門進行選舉造勢活動，沒有帶她一起過去。其驟逝讓希特勒為了她的緣故，被迫中斷對自己而言更加重要的事情，而那也是唯一的一次。希特勒哀痛逾恆，然後找來別人取代了她。這段淒涼的故事，是希特勒一生當中最接近偉大愛情的插曲。

希特勒沒有朋友。他很喜歡連續幾個小時跟下屬待在一起——駕駛、衛士、秘書——其間只有他一個人高談闊論。唯有在那些與僕役共處的時刻，希特勒才有辦法放鬆自己。他終其一生抗拒真正的友情，與戈林、戈培爾、希姆萊等人之間的關係，

3 原注：最近有人宣稱，希特勒一九一七年於法國戰役的時候，曾與一位法國女性未婚生子。縱使此說屬實，他也從未見過那個小孩。希特勒一生之中仍然缺乏為人父的經驗。

4 愛娃．布勞恩（Eva Braun, 1912-1945）乃希特勒的情婦，原為希特勒的攝影師助手，曾於一九三二及一九三五年兩度企圖自殺。希特勒於蘇軍攻陷柏林總理府前夕與之結婚，次日二人一同自盡。

5 葛莉．勞巴爾（Geli Raubal, 1908-1931）是希特勒同父異母大姐的女兒。無獨有偶的是，希特勒之母亦為其父之外甥女，當初必須向梵諦岡申請特別許可始得成婚。

始終非常冷淡並保持距離。其扈從當中，只有羅姆從早年開始就可以跟他稱兄道弟，可是羅姆卻被希特勒下令槍斃。出此下策的主要原因，固然是因為羅姆在政治上變得礙手礙腳，不過二人之間的深厚交情並未妨礙殺戮的進行。希特勒一向怯於與人親近的作風，甚至讓人不得不產生懷疑：正因為羅姆是他的老朋友，所以又多出一個必欲除之而後快的理由。

現在還剩下教育與職業這兩方面。希特勒從未接受過完整的正規教育，他只上過幾年初級職業學校，而且成績不佳。不過話要說回來，他在遊手好閒的那些年頭反倒讀了許多書。縱使如此，依據他自己表示，他閱讀時只吸收自認為本來就已經曉得的東西。至於他對政治的認知程度，則跟一個勤奮的報紙讀者沒有兩樣。唯有在軍事和軍事技術的領域內，他才確實有所精進。希特勒並依據前線參戰士兵的實務經驗，以批判的眼光來理解和汲取所閱讀的資訊。但說來奇怪的是，前線的親身經歷很可能就是他唯一真正接受過的教育。除此之外，他一輩子都是一個典型只受過半吊子教育的人，卻自以為凡事都懂得比別人多，喜好賣弄一知半解讀來的錯誤知識。他最喜歡在群眾面前藉此炫耀，因為他們什麼也不曉得。希特勒在「元首指揮總部」的桌邊談話，更以洋相百出的方式呈現出自己教育上的缺陷。

希特勒一向沒有職業，也從未找過工作。不但如此，他反而盡其所能逃避就業。

其怯於就業的情況，與他怯於結婚及怯於親密友情等現象同樣引人注目。他甚至還稱不上是一個職業政治家。政治是他的生命，但從來就不是他的職業。希特勒於從政之初所宣稱的職業相繼為畫家、作家、商人及宣傳演說家；後來則成為不向任何人負責的「元首」——起先是黨內的「元首」，最後更為至高無上的「元首」。他所出任的第一個政治職務就是德國總理，那也是希特勒唯一擔任過的公職。從職業的角度來看，他是一個怪異的總理：當他想外出旅行的時候，隨時可以說走就走；他想批閱公文的時候就批閱公文，不想批閱的時候就擱下不管；內閣會議只是不定期舉行而已，到了一九三八年以後，甚至完全不再召開內閣會議。他的施政風格絕對不像是全國最高階的公務員，反而接近一個不受拘束的藝術家，光是在那邊坐等自己的靈感湧現。然後於靈光乍現之際，匆匆投身於突發行動。希特勒僅僅在自己人生的最後四年，當他身為最高軍事指揮官的時候，才首度有了規律的工作方式。那是因為他無法規避每日兩次的戰情簡報之故，但其靈感也隨之而日益枯竭。

或許有人認為，對那些獻身於自己所設立的遠大目標、有志於創造歷史的人物而言，私人生活的虛無縹緲並非不尋常的現象。但那是不正確的說法。我們可以基於不同理由，把四個人拿來跟希特勒做比較，雖然希特勒實在無法與他們相提並論。那四個人分別是：拿破崙、俾斯麥、列寧和毛澤東。他們當中沒有任何人最後失敗得像希特勒那麼徹底，縱使拿破崙也不例外。這就是希特勒無法與他們相提並論的主要原因，不過現在我們可以暫時讓他退居幕後。

我們進行這個比較時所欲指出的事項就是：上述四人不像希特勒僅為純粹的政治人物，在其他各方面都是「零」。他們均接受過高等教育，曾在自己的職業上有所表現（將領、外交官、律師、教師），然後才改行「走入政治」而名留青史。四人皆已婚，其中只有列寧沒有子女。他們都曉得什麼是偉大的愛情：約瑟芬．博阿爾內、卡塔琳娜．奧洛夫、伊涅莎．阿爾曼德、[6]江青。這些大人物因而具有人性化的色彩；如果缺乏了人性化的一面，他們於偉大之中將會有所欠缺。而這正是希特勒所缺少的。

他還欠缺了某些東西，我們必須先對之略加描述，才有辦法在後面點出希特勒一生當中真正值得注意的事項。希特勒的性格及個人特質短少了發展與成熟的過程。他的性格很早即已定型——更恰當的講法或許是：已被鎖定——並且以令人訝異的方式始終維持原樣，未曾有所增益。那可不是能夠討人喜歡的性格。任何柔性、親切、體諒的色彩均付諸闕如——除非有人硬要把他逃避與別人打交道、時而看似羞怯的作風，解釋成體諒的形式之一。其正面的特質，諸如意志堅強、敢於冒險、勇氣十足、不屈不撓等等，全部都位於「剛性」的一面。他負面的特質尤其如此，例如肆無忌憚、有仇必報、背信棄義和殘酷無情。除此之外，他完全不具備自我批評的能力，這同樣是一開始即已如此。希特勒終其一生都極度迷戀自我，而且從早年，直到末日皆傾向於過度高估自己。史達林和毛澤東搞出來的個人崇拜，都是在冷靜之下採取的政治手段，自己並沒有被沖昏了頭。希特勒本人卻不僅僅是「希特勒個人崇拜」的對象而已，更是其最早、最持久與最熱烈的擁護者。

關於希特勒本人及其乏善可陳的個人生活，講到這裡即已足夠。現在可以換個話題來敘述他的政治生涯，這才是值得進一步探討的對象。它與希特勒的個人生活完全相反，其中並不缺乏發展和自我提升。此政治生涯開始於希特勒首度公開登場之前很久，總共可分為七個階段或跳躍式的進程：

一、很早即已將注意力集中於政治，以之作為生命的替代品。
二、首度採取政治行動（仍具私人性質）：從奧地利遷居德國。
三、決定成為政治人物。
四、發現自己向群眾演說時具有催眠能力。

6 約瑟芬・博阿爾內（Josephine Beauharnais, 1763-1814）為拿破崙的第一任妻子。卡塔琳娜・奧洛夫（Katharina Orlow）為俾斯麥心儀的俄國外交官夫人，俾斯麥一八六二年向普魯士國會發表「鐵血演說」時，手中就持著她贈送的橄欖枝。伊涅莎・阿爾曼德（Inessa Armand, 1874-1920）為俄國長大的法國人及俄國富商之妻，曾積極參加革命，一九一〇年前後與列寧在巴黎結識，成為極親密的女性友人。

五、決定當「元首」。

六、決定削足適履，按照預計的個人生命期限來制訂自己的政治時間表（亦即決定開戰）。

七、決定自殺。

最後兩個決定與之前幾個不同，都是他單方面做出的決定。就其他的決定而言，主觀因素與客觀條件之間有著密不可分的關係。它們雖然也是希特勒個人的決定，不過在同一個時候，時代精神或時代氛圍一再影響希特勒的反應及作為，產生了推波助瀾的效果。

那個十八、九歲的年輕男子在藝術方面的抱負破滅之後，便對政治產生了狂熱的興趣，並把原先的雄心壯志轉移到新出現的興趣領域。這個舉動不但符合當時的時代環境，甚至源出於此。第一次世界大戰之前不久的歐洲遠比今日要來得政治化。當時歐洲受到幾個帝國主義強權主宰，它們持續不斷地進行競爭，各陣營壁壘分明並隨時做好開戰準備，以致人人都繃緊了神經。與此同時，歐洲亦處於階級鬥爭的時代，紅色革命風聲四起，這同樣令人感到緊張。如此一來，無論是在每一家中產階級人士定期聚會的餐廳，或是在每一間無產階級者出入的小酒館，一切都離不開政治。當時的私人生活也比今天要狹隘貧乏許多——不僅工人階層如此，有產人士也不例外。每個人因而在晚間聚會的時候，分別成為自己國家的雄獅或猛鷹，成為替自己的階級開創偉大未來的旗手。希特勒反正除此之外無事可做，從早到晚就樂在其中。政治在當時是生命的替代品，或多或少對每個人都產生了這種意義；對年輕時代的希特勒而言，更是完全如此。

民族主義和社會主義都是銳不可當、能夠鼓動群眾的口號。若有辦法將二者熔於一爐的話，將產生多麼巨大的爆發力！年輕時代的希特勒或許已經產生了這種認知，但此事無法確定。後來他曾經寫道，當他二十歲的時候，已在一九一〇年前後的維也納為自己的政治世界觀建立了「堅如磐石之基礎」。至於那種世界觀是否真正稱得上是「國家社會主義」，仍為眾說紛紜的事情。不論實情為何，希特勒真正的基石——亦即他在維也納時代所形成的最初步和最根本的出發點——並非民族主義與社會主義的融合體，反倒是結合了民族主義與反猶太主義。而反猶太主義似乎又出現得最早。那打從一開始就像是希特勒背上天生的隆肉一樣，始終與他如影相隨。即使是他的民族主義也具有特定色彩，成為種族主義與「大德意志」兼而有之的民族主義。這毫無疑問早已源自其維也納時代，而社會主義極可能只是以後才添加進來的配料。

希特勒的反猶太主義是東歐的產物。在西歐和德國，反猶太主義於世紀更迭之際已開始退潮；同化整合猶太人的工作不但受到歡迎，而且進行得如火如荼。在東歐及東南歐，許多猶太人卻出於自願或迫不得已，成為各民族內生活於隔離之下的另一個民族。反猶太主義在當地曾經（或者依舊如此？）具有地方性及謀殺性的色彩，其目標不在於同化及整合，反而著眼於驅除與滅絕。

這種謀殺性十足、不給猶太人出路的東歐反猶太主義也一直蔓延至維也納——依據梅特涅的著名講法，維也納的「第三區」就是巴爾幹半島的起點。希特勒那個年輕人便在維也納汲取了這種反猶太主義。他為何會變成這樣，我們並無所知。從來就沒有過關於其個人不愉快經驗的報導，希特勒本人也未曾對此做出說明。但依據《我的奮鬥》書中的陳述，光是基於「猶太人是不一樣的人」這種認知，即足以得出結論如下：「因為他們不一樣，所以必須走開。」至於希特勒後來如何把這種推論合理化，必須留待稍後的一章加以說明；他所採取的實際措施，則保留至更後面的一章。那種謀殺性的東歐反猶太主義之變種形式就暫時先說明到這裡，它已經深深腐蝕了那個年輕人，只不過尚未對他當時的庸碌生活帶來具體影響。

希特勒的大德意志民族主義，則情況有所不同，而那也是他維也納時代的另一個產物。這促成他在一九一三年做出人生的第一個政治性決定——遷居德國。

年輕時的希特勒是奧地利人。但他並不覺得自己是奧地利人，反而自視為德國人，並且是一個受到虧待、被德意志建國運動及德意志帝國不當排除在外、棄如敝屣的德國人。他的這種感覺，與同時代的許多德裔奧地利人並沒有兩樣。當初有整個德境作為後盾的時候，奧地利的德國人輕而易舉就可以統治及主宰自己的多民族國家。一八六六年以後，他們卻被逐出德境，在自己的國家裡淪為少數民族。[7]曠日持久下來，在許多非自願成為奧地利臣民的人當中日益高張的民族主義，勢必將使之無力抗拒。他們雖然仍為主導者（但現在必須與匈牙利人共享權力），可是實力與人數均已有所未逮。在這種不利的狀況下，人們可以得出各種截然不同的推論。希特勒一向長於推論，而他年輕時很早就做出了最激進的結論：奧匈帝國必須解體，但解體之後必須出現一個「大德意志」國度，將所有的德裔奧地利人重新收容在內，然後憑藉所獲得的優勢地位，再度統治那些共同繼承奧匈帝國的小國家。他心中已經不再自視為「奧地利皇帝兼匈牙利國王」之臣僕，而是未來「大德意志國」的公民。接著，他為自己做出同樣激進的決定：在一九一三年移民出去。

7 一八六六年以前，奧地利帝國為「德意志邦聯」之當然主席。奧地利之領土雖僅有德語地區及波希米亞、摩拉維亞隸屬於「德意志邦聯」，但可憑藉廣大的東歐領土來維護德境霸主地位。反之，其德境霸主地位又可用於鞏固東歐。德意志民族運動興起之後，先出現「大德意志」統一方案（即奧地利領導下的「德意志邦聯」）。但奧地利不願放棄東歐，於是「小德意志」方案繼之而起（將奧地利完全排除在外）。普魯士在一八六六年擊敗奧地利之後，後者被逐出德境變成了奧匈帝國；普魯士則先組成北德同盟，而後擊敗法國建立德意志帝國。

今天我們曉得，希特勒為了避免在奧地利參軍，於是從維也納遷居慕尼黑。不過為了證明自己並非逃避兵役，而且並不是懦夫，於是他在一九一四年大戰爆發之後立刻志願入伍：他加入的正是德國陸軍，而非奧地利的部隊。一九一三年時已經戰雲密布，但希特勒不願為自己心中抗拒的事物、為一個他認為已經失敗的國家作戰。當時他根本不可能立志從政，而且也無意於此。身為德意志帝國境內的一個外籍無業遊民，他怎麼有辦法成為政治人物呢？但是他的行動已經具有政治性。

當戰爭進行的時候，希特勒在政治方面相當愜意，只不過其反猶太主義無法得到滿足。若按照他的見解，應該利用戰爭的機會一舉消滅帝國內部的「國際主義」——他用 sz 把那個字拼了出來[8]——指的就是猶太人。除此之外，四年下來一切都進行得完美無缺——此即一場接著一場的勝利，只有奧地利人在打敗仗。當時他曾言之鑿鑿，從戰地寫信給慕尼黑的一位友人：「奧地利的下場將會符合我一貫的講法。」

現在讓我們看看希特勒決定從政的經過，也就是許許多多被他稱作「我一生中最困難的決定」之一：

一九一八年的革命，為那個決定提供了有利的客觀環境。像希特勒那種社會地位的外國人，在帝國時代根本不具備參加政治活動的條件。除非他加入社會民主黨，那麼情況或許可以改觀。不過希特勒與之格格不入，況且就影響真正的國家政策而言，該黨仍然只是一個死胡同而已。一直要等到革命爆發以後，各政黨才得以暢行無阻參與國家大計。傳統的政治生態同時遭到撼動，讓新黨派也有機可乘，於是一九一八和一九年之交紛紛成立了新的政黨。甚至連希特勒的奧地利國籍，也不再成為積極參與德國政治事務時的障礙。「德意志奧地利」——此為其當時的名稱——打算與德國合併，雖然此舉遭到戰勝國禁止，[9]但自從一九一八年開始，德奧均對此懷有強烈的意願，並先行對內泯除雙方之間的界限。如此一來，德國實際上已不再將奧地利人視為外籍人士。更何況經過革命以後，諸侯的統治及貴族的特權均遭廢除，德國的政治人物此後即不必再面對社會畛域所造成的限制。

我們在此特別強調這一點，因為它不斷遭到忽視。眾所周知，希特勒走入政壇以後，擺出與一九一八革命——「十一月罪行」[10]——勢不兩立的姿態，因此有關希特勒

8「國際主義」(Internationalismus）拼成「Internationaliszmus」之後，看起來略帶波蘭文或匈牙利文的味道。例如匈牙利文「反猶太主義」一字之拼法即為「antiszemitizm」。

9 奧匈帝國解體後，殘餘的奧地利成立「德意志奧地利共和國」，並依據民族自決原則，於一九一八年十一月十二日宣布與德國合併，但遭戰勝國否決。一九一九年七月底，德國「國民議會」通過《威瑪憲法》，其中亦列出有關德奧合併的條文，但於法國堅持之下被迫刪除。而後「德意志奧地利共和國」始於同年十月二十一日更名為「奧地利共和國」。

10 德國的革命爆發於一九一八年十一月上旬，導致德意志帝國解體。

身為革命產物的說法，難免會受到強烈質疑。不過客觀說來他確實如此，正好像拿破崙是法國大革命的產物一樣，而且後者也在某種程度內擺脫了革命。但若無此前出現的革命，二人的發跡都是完全無法想像的事情。二人固然未曾重建革命所廢除的事物，而且均為革命之敵，可是他們都繼承了革命的遺產。

就主觀因素而言，一九一八年十一月的發展使得希特勒決心從政。我們在這一點可以相信他自己的講法，雖然希特勒遲至一九一九年秋才真正做出那個決定。但無論如何，一九一八年十一月出現了把他喚醒的經歷。幾經對政治進行思考和做出推斷以後，其最初的政治意圖開始成形，此即「絕不可讓德國再度出現一九一八年十一月時的情況」。這就是那個年輕的素人政治家為自己制訂的第一個具體目標，順便值得一提的是，這也是他唯一真正實現了的目標。第二次世界大戰期間，的確再也沒有出現類似一九一八年十一月的情況：既未及時中止已經打輸的戰爭，亦未爆發革命。希特勒阻止了二者的發生。

我們可以澄清一下，「絕不可再度出現一九一八年十一月」究竟所指為何。它裡面的東西包羅萬象。第一，必須未雨綢繆，以便未來面對類似一九一八年十一月的情況時，不致再度爆發革命。第二，必須返回一九一八年十一月以前的狀況，否則第一點只會是空中樓閣而已。這也就意味著，第三，重新進行那場已經打敗、或已被視為敗績的戰爭。第四，重啟戰端之前，務必確保國內已無潛在的革命勢力。如此一來，距離第五點也就不遠了：禁止一切左派政黨。那麼何不一鼓作氣，乾脆查禁全部的政黨呢？只不過左派政黨背後的工人階層無法一併掃除，必須設法將其政治立場爭取到民族主義這一邊來。這就表示第六點：必須同時向他們提供社會主義，至少是社會主義的一種，那就是「國家社會主義」。不過——這是第七點——必須徹底消滅他們迄今所信奉的馬克思主義。這又意謂第八點：誅除馬克思主義派別的政治人物和知識分子。好在他們當中有許多猶太人，所以又可同時堂堂邁入第九點，終於回到希特勒最初的願望——滅絕所有的猶太人。

由此可以看得出來，希特勒邁入政壇之初，其內政上的綱領幾乎已經齊備。一九一八年十一月至一九一九年十月之間——也就是他剛開始成為政治人物的時候——希特勒有足夠的時間將上述各點構思清楚，使之各就各位。而且我們必須承認，希特勒在整理出事情的頭緒並從中得出結論等方面，一向具有頗高的天分。這在他維也納的青年時代已經不虞匱乏，況且他還有著過人的勇氣，能夠在紙上談兵得出激進結論之後，接著以同樣激進的方式將之轉化為實際行動。但值得注意的是，其整個思想架構建立於一個謬誤之上。而那個謬誤就是：把革命視為德國戰敗的原因。事實上，它只是戰敗的結果而已。不過那是希特勒與許多德國人所共同犯下的錯誤。

一九一八年的覺醒經歷還沒有為他的外交方案帶來啟發。要等到隨後的六、七年之間，他才逐漸對此整理出頭緒。不過我們仍然可以在這裡一併加以簡單說明如下：起先出現的決定，只不過是必須不顧一切，把希特勒眼中那場過早中斷的戰爭繼續進行下去。他接著形成的想法已非純粹把舊戰爭重新上演一遍，而是要充分利用敵方陣營於一戰末期及之後發生的各種矛盾，以及由此所演成的四分五裂現象，建立更新和更有利的同盟關係。這種想法成形時的各個發展階段，以及希特勒於一九二〇至二五年之間所玩味過的各種可能性，在此皆可略而不言，因為其他書籍裡面都讀得到相關的說明。

不過他最後得出的結論已經在《我的奮鬥》之中白紙黑字寫了下來。依據希特勒的計劃，英國和義大利被定義為盟友，或至少須維持友好中立；繼承奧匈帝國的各個國家——其中也包括波蘭在內——應當擔任助手；法國被視為可以事先置之不理的次要對手；俄國才是必須征服並持續加以統治的主要敵人，其目的在於使之成為德國的生存空間和「德國的印度」。這就是第二次世界大戰最基本的方案，只不過因為英國和波蘭不願接受被指派的角色，所以它從一開始就未曾奏效。我們在後面還會一再重返這個話題。現在討論之重點為希特勒的政治發展過程，因此無法繼續在此多做停留。

我們當下所面對的，就是希特勒開始步入政壇，以及在公眾面前初試啼聲時的情況，時間為一九一九與二〇年之交的秋冬兩季。那是繼一九一八年十一月的覺醒之後，所出現的第二個突破性經歷。但是，其中具有突破性之處不在於他加入了德意志勞工黨、將之更名為「國家社會主義德意志勞工黨」，並於轉瞬間成為黨內首屈一指的人物。這其實無關乎宏旨，因為當他加入該黨的時候，那只是一個不登大雅之堂的陰暗組織，擁有數百名微不足道的黨員而已。真正的突破性經歷，就是他發現了自己演說時的力量。那一天的日期可以確定為一九二〇年二月二十四日。當時希特勒首度於群眾集會上發表演說，立即一鳴驚人，獲得了非凡的成功。

眾所周知，希特勒有能力把成員背景互異的集會，轉變成一個具有同質性、可以任其揉捏成形的群體。他先讓群眾處於半昏迷狀態，然後使之集體陷入極度的興奮，如果人數越多、組成的分子越複雜，他的表現也就越好。但這種能力實際上並非來自於演講藝術——希特勒的演說散漫冗長、進行得斷斷續續，不但邏輯結構寥寥無幾，並且往往缺乏明確內涵。除此之外，他演說時所使用的，是從喉嚨裡面硬擠出來的嘶啞嗓音。真正的關鍵在於他的催眠能力。憑藉這種全神貫注的意志力，一旦他的面前出現了可資利用的集體潛意識，即可隨時將之據為己有。這種對群眾產生的催眠作用，在很長一段時間內就是希特勒最初唯一的政治資本。至於那種能力的強大程度，已經有無數身受其害者為此做出了見證。

對群眾的催眠作用，在希特勒身上發揮了更加重要的效果。為了明瞭此點，我們不妨想像一下：對一個有充分理由認為自己軟弱無能的人來說，當他突然發現自己能夠做出奇蹟似的有力表現以後，這將產生何種震撼！希特勒從前與戰地的軍中夥伴共處時，在某些情況下會打破一貫的沉默寡言，猛然發表狂野的言論並顯露出激動的神情。那就是每當相關話題撩撥到他內心深處的時候：政治和猶太人。他當時的那種表現只會令人大為不解，為其博得了「瘋子」的綽號。那個「瘋子」現在卻在轉眼間搖身一變，成為群眾的支配者、口若懸河的「鼓手」以及「慕尼黑的國王」。以往那個沉默寡言、桀驁不馴的懷才不遇者，因此轉型為一個自視甚高的成功者。

現在他終於明白，自己能夠完成別人辦不到的事情。他至少在內政方面也已經一清二楚，自己所追尋的目標究竟為何。同時他無法不看出一個事實，此即當時右派陣營的其他政治人物——希特勒在幾年之內將成為其中的佼佼者——雖然地位遠遠較他顯赫，卻沒有人真正曉得自己想做什麼。這兩項認知加在一起以後，只會讓他覺得自己獨一無二，更何況他身為失敗者和「懷才不遇者」，原本就具有這種傾向。隨後逐漸發展出來的，就是他政治生涯當中真正最為重大和最具突破性的決定：他下定決心要當「元首」。

他做出此決定的日期已經無從確認，而且這並非出於某個特定事件的誘發。可以確定的是，希特勒在從政的最初幾年還沒有出現這種念頭。當時希特勒仍滿意於自己的新身分：宣傳演說家以及民族覺醒運動之「鼓手」。他對來自帝國時代的過氣政壇聞人依然心懷敬意，而那些人當時正群聚於慕尼黑，炮製出五花八門的政變計劃。其中最重要的角色就是魯登道夫將軍，他是一戰最後兩年德國軍方指揮體系的靈魂人物，此時則被公認為意圖推翻政府的右派運動之核心人士。

可是希特勒與之結識日深以後，就失去了這種敬意。當他一旦意識到自己能夠穩穩掌控群眾，即不願與他人分享這種能力。其心中逐步形成的觀感，就是自己無論在政治上或智力上，均遙遙領先任何想像得到的競爭對手。除此之外，他必定已在某個時間點得出另外一項結論，雖然這個結論未必理所當然。此即與競爭對手所相互攘奪的，並非只是日後右派政府之內的官位分配及排名順序，實際上爭的是此前從未存在過的事物：他打算握有一個大權獨攬、不受憲法或分權制度約束的職務，持續擔任不被任何集體領導體系羈絆的獨裁者。

自從君主政體在德國遭到廢除，並且一去不返以後，便留下了一個引人注目的真空。威瑪共和國無法填補那個真空，因為它同時被一九一八年十一月的革命分子及革命的反對者所鄙棄，有一個著名的慣用語即稱之為「沒有共和黨人的共和國」。於是二〇年代初期瀰漫著一股氛圍，可以借用布克哈特[11]的言詞描述如下：「人們渴望出現類似舊威權的事物，那種感覺已經勢不可當」，並且「正在為『一世英豪』鋪路」。全國大多數人都對「一世英豪」滿懷期待，不僅僅是因為希望有人過來頂替遜位的德皇而已，同時更出於另外一個理由：其心中對戰敗的悲痛，以及強加到他們頭上、被他們視為喪權辱國的和約所造成之怨恨。例如斯提凡・格奧爾格[12]這位詩人，就曾經在一九二一年預告即將來臨的時代，道出時人普遍的心聲。那個時代將

誕生唯一力足以振衰起敝之人

而且他已經預先確認了此人應當致力的任務：

彼將掙脫鎖鏈、掃清殘磚廢瓦
建立秩序、鞭策迷途者重返家園
回歸永恆法理，使偉大事物再度偉大，
居上位者重居上位、紀律重為紀律。他在
民族旗幟之上展現正確標誌，

不畏狂風暴雨及凶神惡煞
於拂曉時分率領忠誠群眾趕赴工作
於日出之後耕耘新的帝國。

這簡直是針對希特勒而發！甚至連「正確標誌」——亦即「卐」字標記——數十年來早已成為格奧爾格書上的裝飾物（但其中並無反猶太主義的意味）。格奧爾格另一篇寫得更早、完成於一九〇七年的詩作，更彷彿已經事先看見了希特勒：

英豪！壯舉！黎民及高官皆引領企盼。
勿期待此人來自與爾等同桌共食者！
或許長年與爾等當中之謀殺者為伴、

11 布克哈特為（Jacob Burckhardt, 1818-1897）瑞士歷史學家，曾任《巴塞爾日報》主編及巴塞爾大學歷史教授。

12 斯提凡·格奧爾格（Stefan George, 1868-1933）為德國詩人。其後期詩作深受法國印象派詩人影響，難得使用標點符號及大寫字母，所欲表達的是印象而非簡單明白的含義。格奧爾格並於晚年提倡一種截然不同於納粹觀點的新日耳曼文化。

臥於爾等囚室之人，將起身埋頭苦幹。[13]

希特勒未必曉得格奧爾格的詩篇，不過他十分清楚那些作品中描繪出來的普遍心理狀況，並深受其影響。儘管不曉得那些詩作，他已決定要當「那個人」，成為眾人期待已久、能夠出面完成奇蹟的對象。毫無疑問的是，做出這個決定需要很大的勇氣，而且除了希特勒以外，無論當時或之後都沒有人具有這種勇氣。他在一九二四年口述了《我的奮鬥》第一冊，從該書的字裡行間即可看出，那個決定當時已經完全成熟。一九二五年重新組黨以後，該決定首度被正式付諸行動。而在新組成的國社黨之中，由始至終只存在著一個意志：元首的意志。希特勒務必要成為元首的決定，後來在更加廣泛的範圍內獲得實現。不過就希特勒內政方面的發展而言，這只是較小的跳躍式發展而已。他當初竟敢做出這個決定，那才是真正具有突破性的行動。

依據不同的計算方式，希特勒前後共花了六年、九年甚至十年的光陰，才實現那個目的。[14]他即使在一九三三年的時候，仍然沒有成為大權獨攬、不向任何人負責的「元首」——那是一九三四年興登堡去世以後的事情。希特勒成為元首的時候已經四十五歲了，於是他面臨一個問題：在剩餘的有生之年應該將自己的內政和外交方案完成多少？他答覆這個問題時，做出了自己政治生涯當中最不尋常的決定。那也是他第一個完全保密的決定，甚至直到今天仍未廣為人知。他的答案是：「全部完成！」這個答案意味著一個駭人聽聞的事實：亦即削足適履，按照所預期在塵世間的個人生命期限，來制訂政策及政治時刻表。

這名副其實是一個毫無先例可循的決定。我們不妨思索一下：人生極為短暫，國家和民族則源遠流長。因此不但各國憲法——無論是共和政體或君主政體——均建立於這種認知之上，即使那些想「創造歷史」的「偉大人物」，他們或出於理智或出於直覺，也都以此原則為依歸。舉例來說，我們之前拿來與希特勒做比較的四個人物，均未將自己的「不可被取代性」視為預設條件，亦未將之付諸實際行動。俾斯麥固然替

13 原注：今天已經不大有人閱讀斯提凡・格奧爾格的作品。這位重要的詩人及男同志團體的創辦者，在一九〇七年起的許多後期作品中，儼然成為第三帝國的先知。但值得注意的是，他一點也不喜歡真正出現的第三帝國。正當新政府預備在一九三三年七月十二日為他盛大舉辦六十五歲生日慶祝活動之際，格奧爾格卻移居瑞士加以規避，並於同年逝世於該國。那位年邁詩人的一位團體成員及其最後的門徒之一，就是克勞斯・史陶芬堡伯爵（Claus Graf Stauffenberg, 1907-1944）。後者於一九四四年七月二十日行刺希特勒，並為此付出了自己的生命；不過他起初曾熱烈歡迎希特勒的上台。就德國思想史而言，「格奧爾格—希特勒—史陶芬堡」這個章節尚待撰寫。

14 從一九二四年起算，六年後納粹黨躍居德國第二大黨，興登堡總統已考慮延攬希特勒入閣；九年後希特勒成為德國總理；十年後興登堡去世，希特勒成為德國「元首」。

自己拼湊出一個大權在握的職位，可是其權責仍然明顯受限於一個綿延不絕的憲政體制。當他被免職以後便離開那個職位——雖然大發雷霆，可是他服從了命令。拿破崙則曾經嘗試建立自己的皇朝。列寧和毛澤東將自己的黨組織起來以後，也把它安排成為繼任人選的培植所；那些政黨果真製造出能幹的繼任者，並剔除了無能的人選——雖然有時必須先歷經一段腥風血雨的權力鬥爭。

希特勒則完全沒有這些東西。他蓄意把一切都建立於自己的不可被取代性之上，這意味著永遠的「人存政舉，人亡政息」，簡直可稱之為：「我死後將出現大洪水」。於是他既缺乏憲法，也沒有自己的朝代——反正王朝已經不合時宜，更何況希特勒怯於婚姻、沒有後代。可是他也未曾建立一個真正在執政、可造就後繼元首，並且永續經營下去的政黨。對希特勒而言，黨只是供其個人攫取權力的工具。該黨從未有過政治局，而希特勒也不讓任何「太子」在黨內出頭。他拒絕思考有關自己身後的問題，不願事先採取因應措施。反正凡事都必須由他本人親自完成。

如此一來，他使自己陷入時間壓力，這必將導致急就章以及無法因事制宜的政治決定。其原因在於，如果任何政策純粹由個人的一生來決定，而非多方面考量實際狀況，並以外在環境和各種可能性作為著眼點，那麼這樣的政策就是生搬硬套。然而希特勒的決定正是如此。這尤其意味著，希特勒計劃進行的大規模生存空間之戰，必須趁他一息尚存之際由其本人親自領導進行。他當然從未對此公開發表言論。假如他果真這麼說出來，德國人多少會為之驚懼不已。不過他還是在一九四五年二月向博爾曼[15]所做的口述中，毫不隱瞞地承認了一切。希特勒首先抱怨道：他無法在一九三八年發動戰爭，拖延了一年以後才在一九三九年開打。（「可是英國人和法國人在慕尼黑完全接受了我開出的條件，讓我無法採取任何行動。」）他接著表示：「不幸的地方就是，我必須在個人短暫的一生當中完成所有的工作……。其他人有無限的時間可供利用，我卻只有少得可憐的短短幾年光陰。其他人曉得，自己將會有後繼者出現……。」話要說回來，他之所以沒有繼承人，那完全是咎由自取。

即使於一九三九年大戰爆發前後，他也曾經幾次私下讓人看出，早已決定將德國歷史削足適履成為其個人生涯的附屬品。一九三九年初，當羅馬尼亞外交部長加芬庫前往柏林訪問時，希特勒曾對其表示：「本人已經年屆五十，我寧可現在就開戰，也不願意等到自己五十五或六十歲的時候。」同年八月二十二日，他向屬下的一些將領宣示

15 博爾曼（Martin Bormann, 1900-1945）為納粹高幹及希特勒的私人財產管理人，自一九四一年起成為希特勒檯面下的副手，兩年後獲得「元首秘書」的頭銜，從此實際掌管黨務及國家內政。希特勒自殺後，博爾曼從總理府突圍時遭蘇軍擊斃，但屍體下落不明（一九四六年紐倫堡法庭仍將之缺席審判並判處死刑）。一九七三年時，柏林出土的一具骨骸證明為博爾曼無誤。

其「不容更改的作戰決定」。所提出的各種理由當中，也包括了他「個人的身分地位，以及無與倫比的權威」。這種權威有朝一日可能將不復存在，因為：「沒有人曉得我還能夠活多久。」幾個月以後，他在十一月二十三日當面催促同一群將領，必須加速完成向西方展開攻勢的作戰計劃：「於謙沖為懷之餘，本人必須強調一個根本的要件，那就是我獨一無二的地位。沒有任何軍方或政界人物能夠取代本人。暗殺的嘗試可以一再出現……但只有我能夠維繫帝國的命運。本人將以此作為行事的準則。」

追根究柢，他所做出的決定就是要使歷史淪為私人傳記的外一章，把國家民族的命運附屬於個人生涯之下。這誠為令人瞠目結舌的歪曲想法和誇大不實的作風。希特勒萌生此念的時間難以判定，不過當他在二〇年代中葉確立元首概念的時候，這種想法即已隱然成形——「完全無須向他人負責的元首」與「個人的完全不可被取代性」之間，只不過相隔了一小步而已。儘管如此，仍有若干資料顯示，希特勒遲至三〇年代下半葉才真正走到這一步——這同時也是走向戰爭的決定性步驟。可供佐證的第一份文件，就是所謂的《霍斯巴赫記錄》，記載了一九三七年十一月五日進行的秘密談話內容。[16]當天希特勒以含糊其辭的方式，首度向最重要的部長和將領們透露自己的戰爭意圖。這個舉動免不了讓與會者嚇出一身冷汗。

走到這一步以前，很可能還需要希特勒執政最初幾年令人驚訝、連他自己也想像不到的一些成就，才使得他把自矜自是提升至迷信自我的程度。他因而產生了一代天驕的感覺，認為不但有權把自己與德國混為一談，更進而基於「只有我能夠維繫帝國的命運」這種觀點，將德國的生死存亡置於個人的生死存亡之下。總之，這就是希特勒最後果真做出來的事情。

對他來說，生死從來只是一線之隔。大家都曉得，最後他以自殺收場。這並非始料所未及的晴天霹靂，反而每當他面臨困境的時候，便容易出現這種傾向。其中發人深省之處即為：希特勒一方面將自己的生命視為德國命運之所繫，同時又隨時準備拋棄生命。一九二三年慕尼黑政變失敗以後，他曾向提供藏身處所的恩斯特．漢夫施添格[17]表示：現在他準備舉槍自盡，把事情做個了斷。依照漢夫施添格的講法，他幾經努

16《霍斯巴赫記錄》乃紐倫堡大審的重要書面證據之一。霍斯巴赫（Friedrich Hoßbach, 1894-1980）為德軍上校及希特勒的國防軍副官，曾經記錄了希特勒當日的祕密會談內容。會談地點為總理府，與會者計有外交部長諾依拉特（Konstantin von Neurath, 1873-1956）、國防部長布隆貝格（Werner von Blomberg, 1878-1946）及陸海空三軍總司令——弗里奇（Werner von Fritsch, 1880-1939）、雷德爾（Erich Raeder, 1876-1960）及戈林（Hermann Göring, 1893-1946）。密談要點為：至遲須於一九四三／四五年以武力解決「德國生存空間問題」，並於一九三八年以「快如閃電的行動」對付捷克與奧地利。與會者唯有戈林及雷德爾認同此計劃，其餘人士第二年均遭希特勒撤換。

17 漢夫施添格（Ernst Hanfstaengl, 1887-1975）出身自慕尼黑出版商家庭，其母為美國望族。漢夫施添格在美國長

力之後才說服希特勒打消那個念頭。後來在一九三二年，當國社黨面臨分裂危機時，希特勒向戈培爾說道：「假如本黨土崩瓦解的話，我就在五分鐘之內用手槍了此殘生。」戈培爾事後曾對此作出了記載。

有鑑於希特勒在一九四五年四月三十日果然自殺，吾人不可將上述的說詞斥為空談。尤其在希特勒與戈培爾的對話中，「在五分鐘之內」那幾個字特別耐人尋味。於隨後不斷圍繞著這個主題打轉的談話內容中，那又逐步變成了「幾秒鐘」，最後甚至是「一秒鐘的幾分之一」。顯然希特勒終其一生都在思索一個問題：在多短的時間內能夠完成自殺，以及那因此可以是多麼簡單的事情。史達林格勒戰役結束後，希特勒曾因包祿斯元帥[18]並未舉槍自裁，反而向俄軍投降一事，脫口表達出自己的失望之意：「那個人應該開槍把自己打死，就好像從前的統帥們眼見大勢已去就會拔劍自盡一樣……。當一個人不必再為這個悲慘世界負起責任以後，竟然還會對那個能讓他脫離苦海的一秒鐘心生畏意！不像話！」希特勒在一九四四年七月二十日遇刺以後亦曾表示：「我可以堂而皇之說出，假如我的生命就此結束的話，這對我個人而言只會意味著從焦慮不安、難眠的夜晚和嚴重的精神負擔之中所獲得的解脫。在一秒鐘的幾分之一那短短時間內，這一切將不再造成困擾，然後我就能夠獲得安寧、樂享永遠的平靜。」

希特勒果真自殺以後，幾乎沒有人為此而大驚小怪，因為那簡直可以看成是天經地義的結局。但其中的理由並不在於，戰敗自殺以示負責被一般人視為理所當然的表現；實際上完全不是那麼一回事，這樣的自殺方式甚至極為罕見。事後回顧起來，希特勒的自殺之所以顯得理所當然，就是因為他的一生自始已被如此設定。希特勒的個人生活過於空虛，以致當他身處逆境時便將之視如草芥。他的政治生涯則幾乎從一開始就是「全贏」或「全輸」的局面，當「全輸」的情況出現以後，自殺便顯得水到渠成了。希特勒向來具有自殺所需的那種特別勇氣，因而當人們對此進行探討之後，只會相信他真的做得出這種事情來。希特勒的自殺因此與眾不同，只會讓人覺得不足為奇，因為那顯得太自然了。

其中裝腔作勢、看起來顯得尷尬的改頭換面作風，就是他帶著對自己的生命不具

大，畢業於哈佛大學，與羅斯福相知甚稔。他在一九一九年返德，成為希特勒最初的工商界贊助人之一，並於一九二三年參加慕尼黑「啤酒館政變」。政變失敗後，希特勒潛逃至其鄉間別墅躲藏，於警察登門逮捕之際幾乎舉槍自盡。漢夫施添格於一九三一年成為納粹國際新聞部主任，一九三七年因失寵而亡命海外，二戰末期曾出任羅斯福的顧問，最後卒於慕尼黑。

18 包祿斯（Friedrich Paulus, 1890-1957）為德國第六軍團司令，曾挺進至史達林格勒並攻占該城三分之二。蘇軍展開反攻以後，希特勒「死守不退」的指令造成該軍團陷入重圍。一九四三年一月三十日，希特勒將包祿斯晉升為元帥，暗示要他自殺（普魯士歷史上從未有元帥向敵軍投降）。包祿斯於彈盡援絕之下，翌日即率領殘部向蘇軍投降以避免無謂犧牲。包祿斯於一九五三年自蘇聯獲釋，卒於東德。

特別意義的情婦共赴黃泉，而且以一種有如市井小民般既令人動容又殺風景的特別姿態，在生命結束前的二十四小時偷偷與之結婚。他的幸運之處則為，人們要等到過了很久以後，才曉得他也試圖把德國——或德國殘存的部分——變成自己的殉葬品，否則時人理所當然會對他切齒痛恨不已。關於此點以及關於其個人與德國之間的關係，將留待最後一章加以討論，那一章的標題是：〈背叛〉。

現在我們想在此進一步探討的，就是希特勒頗不尋常的成就，以及他令時人更加目瞪口呆的功業。因為不可否認的是，他的確有過不尋常的成就與功業。

第2章

成就

Leistungen

一九三三年希特勒出任總理之初，德國有六百萬失業人口；短短三年以後的一九三六年即已充分就業。更加驚人的是：從大蕭條過渡至經濟繁榮，並未出現通貨膨脹，薪資和價格完全保持穩定。我們很難想像，德國人對這個經濟奇蹟出現了多麼感激和困惑的反應。感激之下的困惑絕對掌握了德國群眾的情緒，使得任何依舊拒絕希特勒的人，都顯得只是喜歡亂發牢騷、存心找碴兒而已。「那個人儘管犯下某些過錯，可是他重新給了我們工作和麵包」，這就是那些年頭數百萬人的共同心聲。

希特勒曾於十二年統治期的最初六年，以一連串的成就令盟友及仇敵均訝異不已，做出了之前幾乎沒有人相信他可以辦得到的事情。一九三三年的時候，他的反對者在德國仍居多數，但正是當時的那些成就使這些人深感困惑，並解除其心理上的武裝。甚至一直到了今天，它們仍然讓較年長一代當中的部分人士，私底下對希特勒心生某種敬意。

希特勒上台之前，僅僅替自己博得了「煽動家」這個稱號。他身為群眾演說家及群眾催眠者的能力則始終無可置疑。在亂象橫生的年代，尤其當亂象於一九三〇至三二年之間臻於頂點之際，那些能力使他逐年成為令人越來越無法不正眼看待的可能當權者。不過，很少有人期待他一旦取得權力之後，會有辦法經得起考驗。有人表示，治理國家畢竟跟發表演講不大一樣。也有人注意到，希特勒雖於演說中肆無忌憚地對執政者攻詰謾罵、為自己和他的黨索取全部權力，並向五花八門的不滿群眾任意發表矛盾言論，可是他從未針對當下的燃眉之急提出任何具體建議——例如應當採取何種對策來解決經濟危機和高失業率。圖霍爾斯基[1]寫下的一句話，便道出了不少人的心聲：「那個人根本就不存在，他只不過是自己製造出來的噪音而已。」可是從一九三三年開始，當那個人開始證明自己是活力充沛、創意十足和高效率的行動者之後，普遍出現的心理挫折也就益發強烈。

對希特勒進行觀察或做出評斷的人士如果更加用心探討，即使在一九三三年之前應已不難發現，他除了演說的力量之外，還擁有另一項令人無法視而不見的特長——他在組織方面的天分。說得更精確一點，就是他有能力建立高效率的權力機器，並將之牢牢掌握。二〇年代後期的國社黨完全是希特勒個人的產物。該黨於三〇年代初期開始大量爭取到選民以前，在組織上已經優於其他任何黨派，甚至遙遙領先了以組織見長的社會民主黨那個老牌政黨。後者在帝國時代曾為「國中之國」，是一個具體而微的「對立國家」；國社黨此時更已有過之而無不及。二者之間的不同處在於，社民黨早就變得既笨重遲鈍又沾沾自喜，而希特勒的國社黨從一開始便生氣勃勃，並且只服從單一的主導意志（希特勒有能力，幾乎隨時皆可毫不費力收編或排除黨內的競爭者及反對者；凡是仔細進行觀察的人士，在二〇年代同樣不難發現這項影響日後發展的特質）。該黨由上而下一直到最小的分部皆充滿戰鬥熱忱，成為一架熱氣騰騰、足以踏破一切的選戰機器，這在德國是前所未見的。

1 圖霍爾斯基（Kurt Tucholsky, 1890-1935）乃柏林猶太人，為法學博士及威瑪共和時代廣受爭議的左派作家、記者及政論家，一九二四年出任報社駐巴黎特派員，從此長居國外。納粹上台以後，圖霍爾斯基之作品遭到查禁，其本人則被註銷德國國籍，最後於瑞典自殺。

希特勒在二〇年代創造的第二個產物，就是身為其內戰部隊的「突擊隊」[2]。它同樣令當時各黨派的政治性戰鬥組織——德意志民族主義派的「鋼盔團」[3]、社民黨的「國旗同盟」[4]，甚至共產黨的「紅色前線戰士同盟」[5]——都顯得是一群烏合之眾。「突擊隊」無論就求戰心切或膽大妄為而言，均遙遙凌駕於一切對手之上，而其殘暴蠻橫及濫殺成性更是不在話下。唯有它才是真正令人畏懼的對象。

值得一提的是，正是這種由希特勒刻意觸發的畏懼心理，才使得一九三三年三月奪權以後出現的恐怖行動及不法措施，難以引起大眾的憤怒情緒和反抗意志。人們起初擔心出現更加惡劣的狀況，因為「突擊隊」過去整整一年內陶醉在腥風血雨的氣氛之中，預告即將出現「長刀之夜」。[6]但此事並未發生，僅僅零星出現了針對少數死敵進行的秘密謀殺行動，而且此類的行動很快就遭到遏止（不過亦無人出面為此抵罪）。希特勒個人甚至曾經鄭重其事，於出庭作證時信誓旦旦地向國家法庭表示，他當政以後將會人頭滿地滾動——此即那些「十一月罪犯」的首級。[7]結果一切反而讓人產生「鬆了一口氣」的感覺：一九一八革命的積極分子與威瑪共和時代的名流顯達，在一九三三年初以及夏季「只不過」被囚禁於集中營。他們固然在那裡遭受殘暴對待並且命在旦夕，可是大多數人或早或晚都被放了出來。他們當中的某些人甚至完全未受騷擾。

社會大眾本來已經對集體屠殺做好了心理準備，結果出現的卻只有一九三三年四

2 「突擊隊」(Sturmabteilung, SA) 一九二一年成立於巴伐利亞，乃效忠希特勒個人的軍事化組織，實際領導人為其「參謀長」羅姆（Ernst Röhm, 1887-1934）。「突擊隊」被納粹用於「征服街頭」，人數不斷暴增至一九三三年初的四十萬人。一九三四年時，「突擊隊」更有四百五十萬人，其最高層級於該年被希特勒下令槍斃，此後「黑衫隊」(Schutzstaffel, SS) 取代了「突擊隊」的地位。

3 「鋼盔團」(Stahlhelm) 成立於一九一八年底，由許多參戰士兵於一戰後組成，具強烈的民族主義及保皇色彩。「鋼盔團」在一九三〇年共有成員五十萬人，乃威瑪時代最大的準軍事化組織，於希特勒上台後被併入「突擊隊」。

4 「國旗同盟」(Reichsbanner) 成立於一九二四年，由社會民主黨、工會及其他中間勢力共同組成。其目的在於對抗極右派和極左派政黨，藉以維護威瑪共和的議會民主政體。納粹上台後將之搗毀，其成員遭到追捕。

5 「紅色前線戰士同盟」(Der Rote Frontkmpferbund, RFB) 由德國共產黨創立於一九二四年，與納粹的「突擊隊」同樣反威瑪共和，亦為身著制服的街頭打手部隊。其成員乃具有強烈階級意識的工人，在一九二七年時共有十一萬人。一九二九年該同盟遭到查禁，從此轉入地下，繼續與「突擊隊」在街頭互毆，最後於一九三三年遭納粹政權撲滅。

6 「突擊隊」的領導階層後來反而成為「長刀之夜」的受害者，於一九三四年六月三十日夜間遭到「黑衫隊」及「蓋世太保」撲殺（史稱「羅姆政變」）。

7 一九三〇年初有三名軍官在軍中建立納粹組織而遭逮捕。三人於萊比錫受審時，希特勒出庭作證並藉機宣傳，在全德造成轟動。（開庭兩週前，納粹剛在九月國會大選中躍居第二大黨。）他向憲法宣誓後說道：將以合法方式奪取政權，該黨大約「再經過兩、三次選舉」將成為多數黨，即可按照自己想要的方式塑造國家，然後「人頭將滿地滾動」。

「十一月罪犯」指的是威瑪時代各民主政黨的領導人。在右派的保守人士眼中，他們曾於一戰末期藉由一九一八年的十一月革命「在德軍背後捅了一刀」。

月一日那一天之內對猶太商店進行的抵制行動——它象徵性的成分居多，而且並未流血。簡而言之，所有的事情都非常糟糕，可是情況又比當初所威脅恫嚇的要來得好一點。有些人曾經表示：「這一切都只不過是開端而已。」這種觀點後來雖然證明無誤，可是當時卻好像是謊言一般。在一九三三和三四年，恐怖行動已經逐漸退潮；到了一九三五至三七年那幾個「好的」納粹年頭，凡事大致均已重返常態，唯有繼續存在的集中營才吹皺一池春水，可是被監禁的人數已經減少了許多。如此一來，其他某些人的說法：「一切都只是過渡時期暫時出現的令人遺憾現象」，起初反而看似頗有道理。

整體看來，希特勒最初六年對恐怖行動的操作方式和所使用的劑量——先肆意威脅恫嚇令人心生畏懼，接著採取雖然狂暴但已略加收斂的恐怖措施，然後逐漸轉換至接近正常的狀態，可是並未完全放棄幕後若隱若現的恐怖政策——都只能說是心理學上的傑作。這對那些起初心存抗拒或有意觀望之人，也就是大多數的國民，收到了所欲獲致的嚇阻作用，但不至於把他們逼上梁山。同時更重要的是，那不會過度轉移百姓的注意力，以致妨礙他們對政府的各種成就做出褒多於貶的評價。

希特勒的各種正面成就之中，最引人注目並且令其他成就望塵莫及的項目，就是他的經濟奇蹟。當時還沒有「經濟奇蹟」這種講法，那是第二次世界大戰結束以後才出現的名詞，用於描繪艾哈德時代令人難以置信的快速戰後重建及經濟復甦。[8] 但是這個稱呼較為貼切的用法，反倒是拿來形容一九三〇年代中期德國在希特勒統治下所發生的事情。那個時候人們產生了遠較深刻和強烈許多的印象，覺得出現了真正的奇蹟；而完成那個工作的人——希特勒——就是奇蹟的創造者。

一九三三年一月，當希特勒出任總理之初，德國有六百萬失業人口。可是不過短短三年以後，到了一九三六年即已充分就業。震天動地的貧困和群眾的苦難，已經普遍轉變為小康的寬裕局面。幾乎同樣重要的是：無助與絕望已被信心和自負所取代。更加驚人的事項則為：從大蕭條過渡至經濟繁榮的進程中，並未出現通貨膨脹，同時薪資和價格完全保持穩定。這是後來連艾哈德也辦不到的事情。

我們很難想像，德國人對這個經濟奇蹟出現了多麼感激和困惑的反應。那在一九三三年以後，更特別促成德國工人階層紛紛離開社會民主黨與德國共產黨的陣營，轉而成群結隊投靠了希特勒。感激之下的困惑就在一九三六至三八年之間，絕對掌握了德國群眾的情緒，使得任何依舊拒絕希特勒的人，都顯得好像只是喜歡亂發牢騷、存心找碴兒而已。「那個人儘管犯下某些過錯，可是他重新給了我們工作和麵包」，這就

8 艾哈德（Ludwig Erhard, 1897-1977）為德國政治家及經濟學家，一九四九年「德意志聯邦共和國」建國以後出任經濟部長，於十四年的任期內推動「社會市場經濟」，對西德重返世界市場及戰後的復興功不可沒。在第一任總理艾德諾下台後，艾哈德於一九六三至六六年間繼任總理。

是那些年頭數百萬人的共同心聲——他們曾經是社民黨和共產黨的選民，在一九三三年時仍然構成了反對希特勒的廣大群眾。

一九三〇年代的德國經濟奇蹟果真是希特勒的成就嗎？我們雖想得出許多理由來加以反駁，卻仍然只能對這個問題做出肯定的答覆。其中無可爭辯的地方是，希特勒在經濟實務及經濟政策等方面皆為門外漢，而且用於啟動那場經濟奇蹟的各種構想，大都不是他想出來的。尤其那些用於維繫一切、既險象環生又技巧高超的籌款招術，更一目了然都是另外一個人的傑作：他的「財政魔術師」希亞爾瑪．沙赫特[9]。但是把沙赫特請來的人正是希特勒——起先任命他當中央銀行總裁，接著由他同時擔任經濟部長——並且讓他放手一搏。此外，希特勒也從舊紙堆中挖出在他之前即已存在、但主要基於財政顧慮而棄置不用的各種經濟振興方案，並將之付諸實現：從「賦稅抵償國庫券」至「MEFO債券」、[10]從「義務勞動役」一直到修築高速公路。希特勒絕非經濟政策專家，而且他連做夢也從未想到，自己將會透過經濟危機這個迂迴路線，肩負起掃除大規模失業的重任，藉此來獲得權力。這個任務完全不是為希特勒量身打造出來的，同時直到一九三三年以前，他的行動計劃和政治思想架構幾乎從未顧及經濟事宜。不過，他具有充分的政治直覺，曉得經濟是當前的主要課題。出人意外的是，他也擁有足夠的經濟直覺，於是獲致與那位多災多難的布呂寧[11]截然不同的認知：在當前的環境下，經濟擴張重於收支平衡及幣值穩定。

除此之外，希特勒握有前幾任總理所缺乏的權力，能夠以強制措施迫使貨幣至少在表面上維持穩定。這固然是希特勒經濟奇蹟的陰暗面，但我們同樣不可加以忽視：它發生於全球經濟持續蕭條之際，為了使德國成為一個收入充裕的綠洲，有必要將德國經濟與外面的世界區隔開來。再加上希特勒籌措經費的方式不可避免將導致通貨膨脹，於是必須由政府強行控制工資及物價。對一個背後有集中營的獨裁政權來說，上

9 希亞爾瑪・沙赫特（Hjalmar Schacht, 1877-1970）為德國銀行家，一九二三年出任威瑪共和國的「貨幣委員」及中央銀行總裁（1923-1930），終結了該年的惡性通貨膨脹。沙赫特於希特勒上台後再度擔任央行總裁（1933-1939）並出任經濟部長（1934-1937），使德國經濟恢復了生機。紐倫堡大審時沙赫特獲無罪開釋。

10「賦稅抵償國庫券」具有短期國庫債券的性質，用於調節政府資金。「MEFO債券」（1934-1938）旨在支付政府的鉅額開銷、避免通貨過度流通，並規避政府舉債的法定上限。沙赫特曾授意西門子和克魯伯等四大財團共組「冶金研究有限公司」（MEFO），負責發行由中央銀行擔保的債券。各政府承包商均以「MEFO債券」支付，此債券享有百分之四年利率，使得持有人樂於不立即兌現。德國經濟重上軌道之後，沙赫特擬停止發行債券以抒解通膨壓力；但希特勒執意要求繼續發行以便擴充軍備，並擬以未來被征服國家的資產償付。最後沙赫特因意見不合而下台。

11 布呂寧（Heinrich Brüning, 1885-1970）為經濟學博士，一九三〇年以少數黨黨鞭的身分出任總理，以解決通貨膨脹為首要目標。但布呂寧的緊縮貨幣政策無法獲得國會通過，必須仰賴興登堡總統的行政命令來施政。布呂寧最後於一九三二年失敗下台，自一九三四年起流亡海外。

述兩項工作都可以辦得到。希特勒不必顧慮同業公會或勞動工會的反應，更可強迫二者加入「德意志勞動陣線」[12]，藉以癱瘓其行動能力。他可以把任何未經許可即進行國外業務、或擅自提高商品價格的業者關入集中營。每一個要求增加工資、甚至為此而威脅進行罷工的工人，也會得到同樣的下場。就這方面而言，一九三〇年代的經濟奇蹟也只能說是希特勒的成就。不少人為了經濟奇蹟的緣故，甚至願意忍受集中營的存在，這在某種程度內可稱得上是前後一致的反應。

經濟奇蹟是希特勒最受人歡迎的成就，但並非他唯一的貢獻。另一項至少與經濟奇蹟同樣震撼人心、同樣出人意外的成就，也完成於希特勒當政的最初六年。那就是德國的再武裝和擴充軍備。希特勒出任總理的時候，德國只有一支兵員總額為十萬人的陸軍，不但缺乏現代化的裝備，並且沒有空軍。到了一九三八年，德國已經擁有歐洲最強大的陸上和空中武裝力量。這是一個令人難以置信的成就！當然，若無威瑪時代所進行的某些前期準備工作，這同樣只會是不可能的事情，更何況單獨的細部工作並非希特勒自己做出來的，而是來自軍方機構的有力行動。但下達指令並提供靈感的人就是希特勒，若無他的堅決推動，軍事奇蹟只會比經濟奇蹟還要來得不可思議。與即興創作的經濟奇蹟比較起來，軍事奇蹟更加源自長期縈繞於希特勒心中的規劃和預謀。雖然在希特勒的操弄下，軍事奇蹟後來並沒有為德國帶來任何好處——這是必須分別說明的事件。儘管如此，那仍然稱得上是一種成就，而且它和經濟奇蹟一樣，此前都沒有人相信希特勒會有辦法加以完成。

他完全出人意料之外的表現，使得二者皆成為可能，於是引起了驚訝和讚嘆。雖然這或許讓少數人略感忐忑不安（「他匆匆忙忙擴充軍備究竟目的何在？」），卻為大多數人帶來了滿足感與民族的驕傲。希特勒在軍事和經濟這兩個範疇內，均證明自己是奇蹟的創造者，以致只剩下了固執己見、吹毛求疵的人士才會拒絕表示謝意，不願成為他的追隨者。

我們有必要在此簡單說明一下希特勒擴充軍備的兩個層面，第三個層面則需要較長的解釋。

一、經常有人宣稱，希特勒的經濟奇蹟和軍事奇蹟基本上實為一體之兩面；他所創造出來的就業機會，主要完全得益於擴充軍備（至少大部分是如此）。此說並不正確。義務兵役制度固然使得街頭減少了數十萬潛在的失業人口，而且大量製造坦克、大砲和飛機又為數十萬名金屬工人帶來工作與麵包。但希特勒上台之初的六百萬失業人口，

12「德意志勞動陣線」（Deutsche Arbeitsfront, DAF），成立於一九三三年五月三日，用來取代工會並掌控全國的勞動人口，為納粹德國最龐大的群眾組織，一九三八年時共有成員二千三百萬人。

大多是在完全正常的民生工業領域內重新就業。當時是戈林那個終其一生偏愛誇耀和胡鬧的人，大肆散播一個具有誤導性的口號：「要大砲，不要奶油。」事實上，第三帝國不但同時生產大砲和奶油，而且還製造出許多其他的東西。

二、擴充軍備亦具有外交方面的重大意義：它同時表示廢止了《凡爾賽和約》中舉足輕重的部分，因而意味著對英法兩國取得的政治勝利，並徹底改變了歐洲的國力對比。我們將在別的地方，也就是〈功業〉那一章對此另做說明，在有關希特勒〈成就〉的部分，行文至此即已足夠。

三、不過，這些成就的背後還隱藏了一個完全來自希特勒個人的貢獻，值得稍加探討。前面已經解釋過，工程浩大的重整軍備細部工作與希特勒無關，其執行者乃國防部及軍方將領。但其中出現一個例外，對未來的戰局發展產生了重大意義。希特勒曾親自介入一項特定的細節，為新成立的「國防軍」[13]奠定了組織架構，於是確立其日後的作戰方式：他不顧當時大多數軍事專家的看法，決定成立自成一體、獨力行動的裝甲師和裝甲軍團。一九三八年的時候，唯獨德國擁有這個嶄新的獨立兵種。它在二戰的最初兩年更被證明為克敵致勝的利器，後來更成為各國軍方所一致效法的對象。

這個兵種之所以能夠成立，完全出於希特勒個人的貢獻，這也是他在軍事領域內的最大成就——遠遠超過他在戰時廣受爭議的指揮統御才能。假如沒有希特勒的話，少數已經認清裝甲部隊獨立作戰能力的德軍將領（其主要代表人物為古德里安[14]），很可能無法克服來自軍方保守多數派的阻力，以致與英國的富勒和法國的戴高樂這兩位戰車部隊的鼓吹者一樣，[15]因為傳統主義者的抗拒而遭逢失敗的命運。如果我們表示，這個讓公眾不怎麼感興趣、純為軍方內部的歧見，事先即已決定了一九三九至四一年之間的作戰結果（尤以一九四〇年的對法戰役為然），那麼這個說法並非言過其實。希特勒在此做出了正確的決定，而且這個貢獻與他其餘的成就不同，沒有立即被大肆自賣自誇，相形之下只是一個隱藏的貢獻。這起先不但沒有使他變得更受歡迎，反而讓

13「國防軍」(Wehrmacht, 1935-1945）為納粹時代的德軍名稱。

14 古德里安（Heinz Guderian, 1888-1954）為德軍上將，曾於威瑪共和時代致力於德軍機械化的工作，很早即認清裝甲部隊在作戰上的重大意義。古德里安於一九三三年創建德國現代化裝甲部隊，為德軍日後的「閃電戰」奠定基礎。

15 富勒（John Frederick Charles Fuller, 1878-1966）為英國少將及軍事史家，曾於一戰後期擔任英軍坦克部隊參謀長，乃現代裝甲作戰之先驅。但其構想在本國未遭重視，反被古德里安等年輕一代德國將領發揚光大。富勒不滿「民主政體無法進行軍事改革」，一九三〇年代一度成為英國「法西斯聯盟」的核心成員。富勒最知名的鉅著為三卷《西洋世界軍事史》(*The Decisive Battles of the Western World and Their Influence upon History*)。
戴高樂（Charles de Gaulle, 1890-1970）為法國將領及「第五共和」首任總統，於二戰之前極力鼓吹法軍的機械化。

他深受保守派軍方人士的厭惡。可是這將在日後彌補回來——他於一九四〇年對法作戰獲勝之後，甚至一度令德國最後一批堅決反對他的人士也對自己產生了懷疑。

不過在此之前，一九三三年仍然投票反對希特勒的過半數人口，絕大多數已經被他在一九三八年成功爭取過來。或許這才是希特勒各種成就當中的最大成就。時至今日，這個成就讓劫後餘生的老一輩人士深感羞愧，令戰後出生的一代大惑不解。年長一代口中的「當初我們怎麼可能會……？」或後生晚輩口中的「當時你們怎麼可能會……？」這些講法今天說起來都很容易。當時卻需要極為過人的銳利目光和深謀遠慮，才得以從希特勒的成就與功業之中，辨認出未來災難的潛藏根源。而且唯有性格非常堅強的人，才有辦法擺脫那些成就與功業所產生的作用。希特勒聲嘶力竭、口沫橫飛的演說，今天重新聽起來只會令人噁心不已或笑不可遏。可是在那個時候，它們的背後往往有事實作為依據，以致讓聽者難以發抒心中的異議。真正產生效果之處就是背後的那些事實根據，而非聲嘶力竭與口沫橫飛。以下即為希特勒在一九三九年四月二十八日所發表的一篇演說之內容摘要：

我克服德國的混亂、重新建立了秩序、在我國國民經濟的各個領域促成生產力劇增……。我成功地把令我們所有人如此衷心牽掛的七百萬失業人口，全部重新

> 導回有益的生產工作……。我不但在政治上統一了德意志民族，也使之在軍事上武裝起來。同時我更做出努力，一頁接著一頁排除了那個條約。該條約的四百四十八項條文以最令人髮指的方式，給了任何民族與人群所能夠承受的最粗暴待遇。我把一九一九年被搶走的省分重新交還給國家；我把數百萬被從我們身旁奪走、生活於水深火熱之中的德國人重新領回祖國；我把具有千年統一歷史的德意志生存空間重新建立起來。同時我……費盡心力，在不流血的情況下完成了這一切，沒有因此而為我的民族和其他民族帶來戰爭的痛苦。本人……二十一年以前在我的民族之內還是一個籍籍無名的工人和士兵，卻以自己的力量創造出這一切……

多麼令人作嘔的自我吹噓，多麼令人發噱的語氣（「令我們所有人如此衷心牽掛的七百萬失業人口」）！然而弔詭的地方是，這一切竟然都正確——或者至少是幾乎如此。如果有誰死咬著一些看起來不大對勁的地方不放（克服德國的混亂——卻沒有憲法；重新建立秩序——透過集中營），恐怕有時連自己都會覺得那是在雞蛋裡面挑骨頭。關於其他部分，一九三九年四月的時候又有誰能夠對此提出異議呢？經濟果真再度欣欣向榮、失業者果真重新獲得工作（失業人口是六百萬而非七百萬，不過那又怎樣）、重整軍備已經成為事實、《凡爾賽和約》果真形同虛文（一九三三年時並沒有人認為那是可能的事情）、薩爾地區和默美爾地區確已重返祖國，[16]奧地利人與蘇台德區的德國人亦然，而且他們的確為此而歡天喜地，其歡呼聲仍然縈繞於耳。其間果真非常奇妙地並未演成戰爭，而且希特勒在二十年以前確為一個無名小卒，這也是無可爭辯的事實（希特勒固然沒有當過工人，但也無關緊要）。他是否以自己的力量創造出那一切呢？他當然有過助手與合作者，可是又有誰能夠認真至極地宣稱，縱使沒有他一切也會順利推展呢？因此，難道還有人能夠否認希特勒，同時卻不否定他所做出的一切成就？與他的這些成就相形之下，其令人不快的特質和不端的行為豈不顯得只是美中不足之處而已？

多年以來反對希特勒的人——也就是那些受過教育、品味良好的中產階級人士，本身或為虔誠的基督徒或為堅定的馬克思主義者——在一九三〇年代中期與後期，有鑑於希特勒所達成之難以否認的成就以及沒完沒了的奇蹟式行為，於難耐之下不得不向自己提出一個問題：莫非我的準則並不正確？或許我所學過和所相信的東西全部都錯了？我眼前所發生的一切難道還沒有對我做出駁斥？如果這個世界——經濟方面的世界、政治方面的世界、道德方面的世界——果真跟我所一直相信的沒有兩樣，像他那種樣子的傢伙，早就應該以最快速和最可笑的方式失敗得一塌糊塗了。是啊，他應該根本沒有辦法走得這麼遠，以致達到目前的地步！可是他在不到二十年的時間之內，從完全一無所有變成了全球的核心人物，而他所做的一切都獲得成功，甚至連那些看似不可能的事項也不例外，一切都成功了，一切！這難道還不能證明嗎？這豈不強迫我對自己所有的概念，無論是針對美學也好道德也罷，做出全盤的修正？我是否至少也必須承認，自己的期待和所做的預測都有了偏差，因此我在批評的時候必須知所節制，在下斷語之前必須特別謹慎？

這種自我懷疑完全可以理解，甚至令人同情。可是它距離第一聲半推半就喊出來的「希特勒萬歲」已經不遠了。

那些因為希特勒擺在眼前的成就而改變立場或部分改變立場之人，通常並沒有變成國家社會黨黨員。可是他們成了希特勒的擁護者、元首的信仰者。當眾人對元首的普遍信仰臻於頂點之際，其總人數應已超過全體德國人的百分之九十。

於是他幾乎將整個民族團結到自己的背後，這是一個非凡的成就，而且在不到十

16《凡爾賽和約》於一九一九年將德國西南部的薩爾地區（Saarland）交付國際聯盟託管。法國原欲將之併吞，該地居民則透過一九三五年一月的公民投票決定返回德國（百分之九十點五贊成），成為希特勒外交上的一大勝利。
默美爾地區（Memelgebiet）位於東普魯士東北部，為默美爾河（尼門河）北岸的狹長濱海地帶，一九二三年被立陶宛占領。翌年國際聯盟將之劃歸立陶宛，成為其境內的自治區。國防軍於一九三九年三月二十三日開入默美爾，強迫立陶宛簽約退還。默美爾現屬立陶宛，名為克拉依佩達（Klaipėda）。

年的光陰之內完成！完成的原因主要並不在於煽動群眾，而是透過他的成就。希特勒在一九二〇年代僅僅以群眾操弄者的姿態出現，當時他運用煽惑人心的宣傳、具催眠作用的演說能力、令人如醉如癡和飄飄欲仙的技巧，所爭取到的德國人難得超過百分之五，在一九二八年國會大選中更只得到了百分之二點五的選票。一九三〇至三三年之間的經濟危機，以及其他內閣和政黨對這個危機束手無策，才把另外百分之四十的選票推向希特勒那一邊。但他要等到一九三三年以後才贏得具有最後決定性的百分之五十支持率，這主要就是基於所做出的成就。比方說，一九三八年時若有人待在一個仍可發言批評希特勒的小圈子裡面，遲早總會聽見別人在半表同意之下（「我同樣不喜歡猶太人所受到的待遇」），出現如下的反應：「但是那個人真的做了不少事！」他們所講出來的並非：「他的演說能力多麼引人入勝！」也不是「上一次的黨大會再度非常振奮人心！」甚至不是「他獲得的成就可真多！」而僅僅為「那個人真的做了不少事！」在一九三八年或者直到一九三九年初的時候，又有誰能夠對此唱反調呢？

當時希特勒新爭取到的擁護者，嘴邊還不斷掛著第二個固定的用語：「假如元首曉得這件事的話！」那個慣用語同時表明了，信仰元首和皈依「國家社會主義」是截然不同的兩回事。每當有人對「國家社會主義」不滿的時候——一直有許多人對許多事物心生不滿——就會憑著直覺主動替希特勒洗清責任。從客觀的角度來看，這種態度當然毫無道理可言，因為希特勒必須為其政權所採取的毀滅性措施和建設性措施負起同等的責任。本章稍後將說明希特勒如何摧毀了法治國家與憲政體制，不過在某種程度之內，我們也必須稱之為希特勒的「成就」——毀滅性的成就。這其中與他在經濟和軍事方面的正面成就相同，蘊含著同樣巨大的破壞力。至於他在社會方面的成就則介於毀滅性與建設性之間，二者所產生的效果在此保持了平衡。

希特勒曾於當政的十二年期間，促成了重大的社會變革。但是我們必須在此做出詳細的區分。

德意志帝國晚期開始出現了三大社會演變過程，它們在威瑪共和時代及希特勒時代繼續發展下去，並在「德意志聯邦共和國」和「德意志民主共和國」時期依然急速向前推進。首先是社會的民主化與平等化，亦即取消身分等級制度、放寬各社會階層之間的畛域。其次是性道德觀的徹底改變，亦即日益輕忽和摒棄基督教義的禁欲主義及資產社會的禮儀規範。第三則為婦女的解放，也就是持續不斷剷平兩性之間的歧異、泯除在法律保障及工作環境之中的差別待遇。希特勒在這三個範疇內的表現——無論是正面或負面的成就——與其他方面比較起來其實均相當有限。我們之所以對此做出說明，主要是因為普遍存在著一個不正確的觀點，認為希特勒遏阻了這三大發展趨勢，甚至想把它們逆轉回去。

其中最顯著之處就是婦女的解放。國家社會主義曾經倡言加以否定，這是人盡皆知的事情。不過這個項目實際上卻大有進展——尤其是在該政權後半段烽火連天的六個年頭——它不但於黨國的完全同意之下進行，更經常受到大力推動。在二戰之前，從來就沒有婦女投入這麼多男性專屬的職業和工作。這個現象已經勢不可當，縱使希特勒有辦法撐過第二次世界大戰，很可能也無法加以扭轉。

在性道德觀這方面，國家社會主義的觀點出現了前後矛盾的說法。他們一則宣揚德意志的紀律與習俗，同時卻又極力抨擊教會人士的假仁假義和冬烘先生的食古不化，對「健康的情欲」一點也不介意。尤其如果能夠製造出「無遺傳缺陷的健康下一代」——已婚或未婚都無所謂——那就再好也不過了。於是二〇年代早已開始蓬勃發展的肉體崇拜和性崇拜，到了三〇和四〇年代以後更是如火如荼。

最後，關於進一步廢除身分特權和階級壁壘這方面，國家社會主義的官方立場甚至是完全加以支持，此為有異於義大利法西斯主義之處。後者的態度乃大張旗鼓要求重新建立「社團國家」，也就是一個存在著等級制度的國家。這是希特勒的國家社會主義不可與墨索里尼的法西斯主義混為一談的許多原因之一。國家社會主義只不過使用了不同的字眼，把此前所謂的「無階級社會」改稱為「民族共同體」[17]。那其實只不過是換湯不換藥而已。但不可否認的是，希特勒統治時期甚至較之前的威瑪時代更進一步，大規模促成社會地位的上升與下降、階級的融合以及階級的突破——這也就表示了「能幹的人可以暢行無阻」（黨性堅強者亦然）。其中固然並非所有的東西都讓人看了覺得舒服，不過就持續不斷的平等化而言，其「進步」的一面則毋庸置疑。這個發展在軍官團裡面尤其顯而易見，甚至還受到希特勒個人的鼓勵。威瑪共和時代的十萬名陸軍幾乎仍為貴族軍官之禁臠，而希特勒最初接收自威瑪國防軍的元帥，其姓氏前面幾乎都還有「馮」這個字，[18]可是後進的元帥大多已不再如此。

以上只是為求內容完整而做出的附帶說明。正如同前面所說，此處所描述的是希特勒之前即已成形的發展趨勢，並且在希特勒時代以及之後仍然方興未艾。同時希特勒所產生的正面效果及負面作用，對這些發展只造成了些微的影響。不過，有一項巨大的社會變革則為希特勒個人的工作。耐人尋味的地方是，它在西德雖然已被撤銷，東德卻加以保留並繼續發揚光大。希特勒本人稱之為「人群的社會化」。「我們何必把

17「民族共同體」乃納粹所宣揚的社會形式及政經體制，強調自己不同於西方的民主政體或共黨的無產階級專政。其典範為一戰時參加壕溝戰、彼此唇齒相依的士兵。在此體制下，個人須無條件融入「民族」之中。其主要口號為：「你什麼也不是，你的民族就是一切」，以及「元首下令，我們服從」。

18「馮」（von）在中世紀以後成為德語姓氏的一部分，用於標明貴族的身分。

銀行和工廠社會化呢？」他曾經向勞施寧[19]表示：「那其實多此一舉，反正我已經把人們牢牢約束在一種行為規範之中，使得他們無法脫身出去……我們把人群社會化了。」這就是希特勒的國家社會主義具有社會主義色彩的一面，是我們現在所欲討論的課題。

與馬克思持相同看法的人，認為社會主義的決定性特徵，甚至其唯一的特徵，就是生產工具的社會化。國家社會主義具有社會主義色彩的這一面，免不了會遭到他們否認：希特勒既然沒有把生產工具社會化，所以他不可能是社會主義者。對馬克主義者來說，一切就沒有繼續談下去的必要。

不過請注意！這個問題並沒有那麼簡單。其中值得玩味之處在於，即使是今日的社會主義國家，把「生產手段社會化」之後也不會就此善罷甘休。它們更殫精竭慮，除此之外也要將「人群社會化」。於是盡可能將之從搖籃直到墳墓都集體組織起來，使之過著集體化的「社會主義」生活方式，並且被「牢牢約束在一種行為規範之中」。不管馬克思講了什麼，此事仍不免讓人想提出一個問題：是否這才是社會主義最重要的一面？

人們習慣的做法，就是在「社會主義」和「資本主義」這兩個相互對立的框框裡面思考。但是更為正確，至少更加重要的做法，或許就是把「個人主義」而非「資本主義」視為「社會主義」的反面。在工業化的時代，社會主義已經完全不可避免地成為資本主義的形式之一。即使是社會主義國家也必須積聚、籌集和擴大資本；經理人員或工程師的工作及思維方式，無論在資本主義或社會主義之下都是完全相同的。而即使在社會主義國家，工廠裡面的工作難免也會讓人產生疏離感；所操作的機器和裝配線不論屬於私營財團或「全民共有的聯合企業」所擁有，均無法讓工人對自己的工作覺察出實際上的區別。

不過其中有一個非常巨大的差異，那就是工人收工以後是否必須自求多福，或者工廠大門外已經有一個「集體」——亦可稱之為「共同體」——正在等待著他。換句話說：在一個工業化經濟體裡面，「人群與其同類之間的疏離感」所產生的意義，大於「人群對自己的工作所產生的疏離感」（或許沒有任何政經體制可為後者帶來決定性的改變）。再換一種講法：如果社會主義的目標就是要消除人群的疏離感，那麼「人群的社會化」遠較「生產手段的社會化」更容易達到這個目的。「生產手段的社會化」或許消

19　勞施寧（Hermann Rauschning, 1887-1982）為納粹黨員，曾擔任但澤自由市的議長。勞施寧自一九三四年起先後流亡法國與瑞士，依據自己與希特勒的談話內容，撰書揭露納粹的真正意圖，最後在一九四八年移居美國以至於終。國際史學界從一九八〇年代開始質疑其書中內容之真實性，至今仍莫衷一是。不過勞施寧的著作縱非第一手史料，仍然具有若干參考價值——例如他在一九三九年已率先使用「大屠殺」一詞。

除了某些不公平的現象，然而過去三十年或六十年來的經驗多少已經證明，[20]為此付出的代價就是犧牲了效率。「人群的社會化」確已消除了某種疏離感，此即大城市居民彼此之間的疏離感，但所付出的代價則為犧牲了個人的自由。這是因為「自由」與「疏離感」正好共同構成一體之正反兩面，其情況類似於「共同體」和「行為規範」之間的關係。我們可將之具體表達如下：

第三帝國時代絕大多數的德國人——也就是那些未曾因為種族或政治因素而遭受隔離和迫害的人——他們所過的生活與「前希特勒時代」的德國不同，而且也有異於「德意志聯邦共和國」。可是那種生活卻與「德意志民主共和國」之內的生活如出一轍。也就是說，生活泰半上演於家庭以外的「共同體」或「集體」之中。對大多數人而言，不論自己是否被官方強迫成為其中的一員，實際上即使想擺脫也擺脫不了。

例如當時的學童隸屬於「少年團」，那就好像今天的東德學童隸屬於「少年先鋒隊」一樣；[21]青少年在「希特勒青年團」裡面找到了第二個家，其狀況無異於「自由德意志青年團」；[22]青壯年人在「突擊隊」或「黑衫隊」進行「國防體育運動」，情況又類似「運動與技術協會」；[23]成年女性參加「國家社會主義婦女聯盟」(在東德則為「民主婦女同盟」)；已經鴻圖大展或者想獲得晉身之階的人，無論在當時的第三帝國或在今日的東德則都早已入黨。至於上百個「國家社會主義」或「社會主義」的職業協會、業餘愛好者協會、體育協會、教育協會、休閒活動協會（例如「力量來自歡樂」或「工作之美」[24]），那就更不用說了。當然，第三帝國時代所唱的歌曲和所發表的演說與今日的東德有所不同。可是他們所進行的活動——遠足、遊行、露營、高歌、慶典、勞作、

20「六十年前」意謂一九一七年俄國的「十月革命」；「三十年前」意謂東德於一九四九年十月的建國。

21「少年團」(Jungvolk）全名為「德意志少年團」，乃「希特勒青年團」的分支；納粹時代十至十四歲的男童必須加入「少年團」，女童則加入「少女團」。

「少年先鋒隊」(Jungpioniere）則為東德「自由德意志青年團」(Freie Deutsche Jugend, FDJ）之一環，其成員分為六至十歲（藍領巾）和十至十四歲（紅領巾）兩個階段，男女學童可「自願」參加。

22「希特勒青年團」(Hitlerjugend, HJ），為法定的國家青年組織，負責向學生灌輸納粹主義，成員依年齡及性別細分如下：學童參加「少年團」或「少女團」；十四至十八歲的男生加入「希特勒青年團」，女生加入「德意志女青年聯盟」。

「自由德意志青年團」負責向東德學生灌輸馬列主義。學童先參加「少年先鋒隊」，而後自十四歲起加入「自由德意志青年團」。東德青少年約有百分之八十「自願」加入「自由德意志青年團」(不參加者將面臨求學及就業上的困擾）。

23「運動與技術協會」(Gesellschaft für Sport und Technik）負責向十四歲以上的東德青少年進行為期兩年之軍事教育，以致東德九成的役男於入伍前已接受過完整訓練。

24「力量來自歡樂」及「工作之美」皆為納粹政府宣揚「民族共同體」的利器。「工作之美」(Schönheit der Arbeit）為「德意志勞動陣線」旗下的機構，用於改善勞工的工作環境。「力量來自歡樂」(Kraft durch Freude）亦附屬於「德意志勞動陣線」，簡稱ＫｄＦ，乃納粹時代最受歡迎的群眾組織——ＫｄＦ為全民舉辦各種旅遊、文藝、體育等休閒活動，並提供平價公寓及汽車（福斯的「金龜車」最初即為「ＫｄＦ汽車」）。

體操與射擊——全部都看不出差別來。同樣不可否認的是，安全感、同志情誼和幸福感也都在那些共同體之內欣欣向榮。就此而言，希特勒毫無疑問是社會主義者，甚至是一個非常高效率的社會主義者，強迫人群走向了那種幸福。

那真的是一種幸福嗎？還是說這種強加過來的幸福同時也被視為不幸？今天的東德人民往往努力逃脫這種強迫的幸福。可是當他們一旦來到西德以後，卻因為乏人照顧——這正是個人的自由所形成之負面現象——而同樣頻繁地提出抱怨。人們在第三帝國時代的觀感通常也與之頗為類似。不過我們不擬在此探討如下問題，那就是到底「被社會化的人群」比較幸福呢，還是過著個人生活的人比較幸福。

讀者想必已經注意到（或許並覺得大惑不解），我們在這一章講述希特勒的成就時，於價值判斷方面非常語帶保留。其原因是這種做法攸關事情的本質：「成就」具有中性的道德意義，它們只可能是「好的」或「壞的」，但不會是「善良的」或「邪惡的」。希特勒做過許多邪惡的事情，我們在稍後的幾個章節將會有足夠機會對他做出道德上的譴責。但是我們不應該用錯誤的理由來譴責他—這個過失當時曾令許多人吃足苦頭；即使到了今天，它也是時人常犯的錯誤。「千萬別向我表達輕視魔鬼之意！」[25]人們往往禁不住誘惑，只著眼於希特勒猥瑣與可笑一面，以致低估了他；時至今日，當他已經一敗塗地以後，這種做法也就益形普遍。可是我們不應該馬上向這種誘惑做出讓步。

當然，在把希特勒稱作「偉人」之前，我們有足夠的理由必須躊躇再三。布克哈特曾經說過：「純粹的大毀滅者根本不可能是偉人。」而希特勒已經證明他本人就是「大毀滅者」。不過毫無疑問的是，他也證明自己不僅僅在毀滅這方面具有最高的效率。更何況若無非比尋常的成就能力，他所造成的災難將不至於如此怵目驚心。同時我們也絕不可忽視一點，那就是他邁向深淵之前曾經有過超越顛峰的階段。

約阿希姆·費斯特在其希特勒傳記的導言中，提出一個非常有趣的假設性聯想。他寫道：「假如希特勒在一九三八年底遇刺身亡，除了少數人以外，人們會不加思索稱之為最偉大的德國政治人物之一，或許還把他看成是德國歷史的完成者。他的挑釁言論和《我的奮鬥》、他的反猶太主義以及統治世界的構想，或許只會被視為早年的奇談怪論而遭到遺忘……。希特勒在六年半以後便失去了這種聲譽。」「在六年的時間內，」費斯特於該書中的其他部分寫道：「出現了怪誕的謬誤、一連串的過失、罪行、扭曲、瘋狂毀滅以及死亡。」

費斯特絕非藉此表示，希特勒的謬誤、過失及罪行遲至他在世的最後六年才開始

25 此句引自歌德——「千萬別向我表達輕視魔鬼之意；凡為眾人所深惡痛絕之人，必非空穴來風！」

出現。正是費斯特本人於其著作中以卓越的方式探究出來，這一切是如何深深根源於希特勒的早期時代。同時，費斯特完全正確之處在於，它們要等到希特勒執政期的後半段才完全發揮作用，或者是持續擴大發展下去。但是在前半段時期，它們卻被那些出人意表、而且只不過被希特勒視為先行準備工作的成就與功業所掩蓋。費斯特同樣正確的地方是，一九三八和三九年之交的秋冬兩季即為希特勒事業的分水嶺。他在那之前不斷扶搖直上，之後卻在咎由自取的情況下一落千丈而走向崩潰。假如他當時就遇刺身亡（甚至死於意外事件或心臟病發作），大多數德國人確實會認為失去了自己最偉大的政治人物之一。可是他們的這種態度正確嗎？假如希特勒在一九三八年即已撒手人寰，今天的人於回顧之餘也會出現同樣的想法嗎？

我們認為：不會。這個答案乃得自兩項理由。

首先，希特勒於一九三八年秋已決定開戰，這勢將危及他此前所獲致的一切成就。希特勒早在一九三八年九月的時候就已經想打仗。他一九四五年二月向博爾曼做出口述時，仍然為了當時無法開戰而深感遺憾：「就軍事觀點而言，我們希望提前一年展開軍事行動……可是英國人和法國人在慕尼黑完全接受了我開出的條件，讓我無法採取任何行動。」當他一九三八年十一月向國內新聞界的主編們發表演說時，更已經承認自己前幾年所做的和平承諾都只不過是障眼法而已：

在大環境的迫使下，我多年以來幾乎只談和平。唯有藉著不斷強調德國的和平願望與和平意圖，我才有辦法……為德意志民族提供軍備。這是我們持續不斷進行下一個步驟之前不可或缺的先決條件。但不可諱言的是，這種經年累月推動的和平宣傳也有其令人擔憂的一面。因為它非常容易導致許多人在腦海中形成一種印象，以為今日的政府確實有決心和意願，打算不計一切來維護和平。這恐怕將使人對本體制所確立的目標做出錯誤判斷，尤其當德意志民族持有這種心態之後，長期下來一定會瀰漫著失敗主義。這不但可能，而且勢將奪走今日政府所做出的成就。

這段話雖然說得拐彎抹角，不過含義已經夠清楚了。加以點破之後，它的意思就是：希特勒許多年來的和平演說不但使外國受到誤導，而且也誤導了德國人。於是德國人相信了他；他們想修正現況的願望已經得到滿足；他們在一九三九年時與一九一四年不同，並未以歡欣鼓舞的態度走入戰爭，反而表現得驚惶失措和垂頭喪氣。從一九三三到三八年，希特勒的各項成就所產生的效果，至少有一半必須歸功於一個事實，此即它們都不是透過戰爭加以完成的。假如德國百姓當初就曉得，那些事項一直只是被拿來為戰爭預做準備，許多人可能會產生迥然不同的觀感。即使他們要等到很晚以後才明白這一點（歷史研究免不了會將此事披露出來），難道他們還會把希特勒看成是自己國家最偉大的人物之一嗎？

我們還可以從另外一個角度來繼續推演費斯特的假設性聯想。的確，假如一九三八年秋突然傳出希特勒的死訊，大多數德國人起先一定會覺得失去了自己國家最偉大的政治家之一。但這種感覺恐怕只能夠維持短短幾個星期的時間。因為每個人都會在驚懼之下，發現他們已經不再擁有正常運作的國家體制——希特勒已於一九三八年不聲不響將之摧毀殆盡。

接著又會出現怎麼樣的後續發展呢？一九三八年的時候希特勒沒有繼承人，同時亦無憲法供作選擇繼位者的依據，此外更缺乏握有至高法理和無上權力的機構來任命這號人物。威瑪憲法早已被束之高閣，可是也沒有新的憲法來加以替代。於是國家沒有任何機關可用於產生新任的最高領袖。各個潛在的繼任者遂以自己的「國中之國」作為靠山：戈林依仗空軍、希姆萊依仗「黑衫隊」、赫斯[26]則依仗黨機器（但有必要在此強調一下，納粹黨此時幾乎與「突擊隊」一樣失去了作用）。此外還有陸軍，而其高級將領在一九三八年九月幾乎已經準備發動政變。所有一切在在顯示國家已經陷於混亂，唯有希特勒個人才有辦法將國家凝聚在一起並掩飾那種狀況。等到這個人消失以後，一切都將被毫不留情地揭露出來。這種混亂狀態就是希特勒的傑作，如果有人願意的話，亦可稱之為他的成就——那是一個幾乎迄今仍未受到太多人注意的毀滅性成就，因為它到了最後演變成更加廣泛的毀滅與覆亡。

我們在前一章探討希特勒生平的時候，看見了一個令人難以置信的事實：他削足適履，按照預計的個人生命期限來制訂自己的政治時間表。現在我們從完全不同的另一個方向也遭遇到類似情況，那就是他為了鞏固個人的無限權力和不可被取代性，因而一開始就蓄意毀壞了國家的運作能力。一個國家的運作能力奠基於憲法，它可以形諸筆墨，也可以不立文字。第三帝國卻至遲從一九三四年秋季開始，就已經既無成文憲法亦無不成文憲法。它既不曉得、也不尊重用來為國民限制國家權力的基本法；即使憲法裡面最起碼應當列出的必要項目也付諸闕如，此即用於劃分不同政府機構之權限、有效協調其業務範圍的國家遊戲規則。希特勒甚至刻意製造出一種相反的狀態，放任各個專斷獨行的掌權者不受拘束地既彼此競爭又疊床架屋、既各行其是又相互傾軋，只有他一個人獨自位於一切的頂端。唯有在這種情況下，他才得以全方位鞏固自

26 戈林為納粹德國帝國元帥及空軍的負責人。希姆萊（Heinrich Himmler, 1900-1945）為黑衫隊頭目及警察首腦。赫斯（Rudolf Hess, 1894-1987）為納粹黨副黨魁，於一九四一年德國攻俄前夕駕機飛往蘇格蘭，一九四六年在紐倫堡被判處終身監禁。

己所欲享有的絕對行動自由。

他具有一種完全正確的感覺，曉得在任何以憲法為依歸的體制內，即使是最強勢的憲政機構也會在權力上受到限制：在一個憲法國家之內，就連最位高權重的人物也會被羈絆於既定的權限範圍之內，無法就任何事項向所有的人發號施令；同時憲法至少已經做好了未雨綢繆的準備，使得國家縱使在缺乏該人的情況下也能夠繼續照常運作。但二者都不是希特勒所想要的，因此他廢除了一切形式的憲法，並且不提供任何替代物。他無意擔任國家的第一公僕，而是要當「元首」，也就是一個專制的領導人。他看得非常正確，曉得極權統治在完好無缺的國家體制內是辦不到的事情，這只能發生於一種被馴服的混亂狀態之下。因此他一開始就用混亂狀態來取代國家體制，而且我們必須承認，他只要一息尚存，就懂得如何馴服這種混亂。可是如果他中道崩殂的話，即使此事發生於他功業鼎盛的時期——也就是在一九三八年秋——其所製造出來的混亂也會顯露無遺，以致嚴重損害其身後的名譽。

另外還有其他的某些因素，使得希特勒對毀滅國家體制樂此不疲。仔細研究希特勒之後，會在他身上發現一種特質，可稱之為「怯於穩定」，而更佳的講法或許是「對任何最終確定性之畏懼」。他心中就好像存在著某種東西，使他不但害怕自己的權力會被國家秩序所拘束，還使他不想讓個人的意志受限於確立的目標。希特勒所接收的德國，甚至他在一九三八年擴充而成的大德意志國，從來都不是他有意加以鞏固和維護的對象。它們反而一直只是跳板，供其走向一個截然不同、還要大上許多的帝國。那個帝國或許不再是德意志的國度，而是一個「大日耳曼國」。在希特勒的想法當中甚至沒有為之訂出地理上的疆界，只有不斷向前移動的「防禦疆界」，它或許要一直推進到窩瓦河、到烏拉山脈，或者要到了太平洋濱以後才會駐足下來。

他曾在那篇被多次引述、發表於一九三三年四月二十八日的演說中吹噓道：「我把具有千年統一歷史的德意志生存空間重新建立起來。」但他其實並沒有表達出自己心中真正的念頭：他一心所嚮往的「生存空間」位於遙遠的東方，它並非奠基於歷史，而是著眼於未來。根據另外一篇也已經引用過、發表於一九三八年十一月十日的演說，反而比較容易看穿他某些真正的想法。他在那篇演說中提到了「持續不斷進行下一個步驟」，而且必須讓德意志民族對此做好心理上的準備。既然每一個步驟都只是不斷用來為下一個步驟預做準備，那麼他就沒有理由停下腳步，把已經實現——或只是意外到手——的東西鞏固於國家之內。他反而要把固定的東西變得可以移動，並且是向前滾動。也就是說，一切都必須被放置於暫時性之上，而這種暫時性自然而然就會促成不斷的變化、膨脹和擴張。德國必須先要國已不國，才會完全有辦法成為一架征服機器。

就這方面而言，再也沒有比希特勒與俾斯麥二人之間的對比更為強烈——俾斯麥達到了可實現的目標以後，便成為全力推動和平政策的政治家。即使把希特勒拿來與拿破崙做比較也可以大有啟發。拿破崙和希特勒一樣，也是一個失敗的征服者，不過他以法國政治家的身分所做出的貢獻，有許多都被保存了下來：他恢宏的立法工作、他的教育制度，甚至其嚴密國家架構之下的省分和省長職務至今依舊屹立不搖；縱使日後的政體出現了各種改變，他當初的建設仍然存在。希特勒則沒有留下任何國家架構，他在連續十年之內令德國人傾倒、讓世人屏息的成就，都如同電光石火一般未曾留下痕跡。這不只是因為它們結束於一場災難之中，也是因為它們從未建立於最終的確定性之上。若純粹就進行劇烈運動而言，希特勒或許比拿破崙還要來得強而有力，不過有一種身分是他從來都不具備的——政治家。

第 3 章

功業

Erfolge

在希特勒各次成功的軍事行動當中，真正令人印象深刻的只有一項：輕而易舉就在短時間內擊敗法國。如果德國橫下心來的話，沒有人會懷疑它有辦法擊敗波蘭、丹麥、挪威、荷蘭、比利時、盧森堡、南斯拉夫和希臘等國。可是一戰時鏖戰了四年依然讓人莫可奈何的法國，現在竟然在希特勒領軍之下，於六週內即被迫投降。這又一次確認了希特勒「奇蹟創造者」的名聲，而這回他變成了「軍事天才」。希特勒的仰慕者早就經歷過各種內政及外交上的功業，到了一九四〇年的時候，他們更把希特勒看成是「有史以來最偉大的大軍統帥」。

希特勒的功業所呈現出來的曲線，與他的人生曲線具有相似的謎團。關於後者，我們還記得其中出現了醒目的斷層：他在最初的三十年內完全缺乏作為而且沒沒無聞，卻於隨後的二十六年參與最高層級的公眾事務。那個現象使得我們有必要做出說明解釋。

關於前者，其中甚至出現了兩個這樣的斷層。希特勒一切的功業都集中在十二年內，即一九三〇至四一年之間。在那段時期以前，他的政治生涯縱使已經開展了十年之久，依舊完全乏善可陳：他一九二三年發動的政變失敗了；他一九二五年重新建立起來的政黨，直到一九二九年都還是一個無足輕重的小黨。到了一九四一年以後——甚至一九四一年秋即已開始——他再度無法完成任何功業：其軍事行動紛紛落空、打敗仗的次數日趨頻繁、盟友逐一變節、敵方的同盟卻穩固如昔。他最後的下場已經人盡皆知。可是一九三〇至四一年之間，希特勒無論在內政上還是外交上，後來甚至在軍事上，幾乎不論做什麼都可以稱心如意，令世人為之瞠目結舌。

我們可將之編年列出如下：一九三〇年的國會選舉，其得票數增加了八倍；一九三二年再度加倍；一九三三年一月，希特勒出任總理，同年七月已將其他競爭黨派悉數解散；一九三四年，希特勒也成為總統及「國防軍」最高指揮官，獲得了絕對的權力。此後他在內政方面可以予取予求，接著又展開一系列外交上的功業：一九三五年，他違反《凡爾賽和約》，恢復了義務兵役制度——什麼事情也沒有發生；一九三六年，他違反《羅加諾公約》，將萊茵地區重新軍事化——什麼事情也沒有發生；一九三八年三月，他把奧地利合併進來——還是什麼事情也沒有發生；同年九月，蘇台德地區也被合併——這回甚至獲得了英法兩國明確首肯；一九三九年三月，他將波希米亞及摩拉維亞變成轄下的「保護領地」，並且占領了默美爾地區。希特勒在外交方面的一連串功業至此即告結束，從現在開始將面對抵抗。他隨即展開軍事上的功業：一九三九年擊敗波蘭；一九四〇年占領丹麥、挪威、荷蘭、比利時和盧森堡，並擊敗法國；一九四一年又占領南斯拉夫和希臘。希特勒於是主宰了歐洲大陸。

總而言之：希特勒失利十年之後，接著連續十二年不斷建立令人眼花撩亂的一系列功業，然後又失利了四年，最終以災難收場。在各個階段之間都出現了鮮明的斷層。

即使在歷史上找了又找，也找不出足以相提並論的現象。大起大落者有之，成功與失敗交互出現者亦有之。可是從來就沒有過如此涇渭分明，相繼由純粹的失敗、純粹的成功、純粹的失敗所構成的三個階段。從來就沒有同樣的一個人以此種方式將自己呈現出來：起初經年累月看似一個不可救藥的窩囊廢，接著又在同樣長的時間內彷彿變成了天才洋溢的行家，然後再度成為不可救藥的窩囊廢，而且這回不只是表面上看起來如此而已。此事需要進一步的說明，因為一時之間憑著直覺、根據自己的親身體驗所找出來的例證，都沒有辦法將這個現象解釋清楚。

當然，並非所有政治人物隨時都能夠做出前後一致的優良表現。他們每個人都會不時犯下錯誤，然後再想盡辦法來彌補前愆。這是大家都見過的事情。大家也都曉得，許多政治人物在達到最佳狀況以前，需要特定的學習階段和成長過程。當他們臻於高峰期之後，過了一段時間又會疲態畢露而今非昔比，要不然就表現得完全相反，變得好大喜功以致後繼乏力。可是這些淺顯的嘗試性解釋全部不適用於希特勒。它們無法說出，為何持續的成功與持續的失敗之間出現了兩個鮮明的斷層。此外，希特勒的成功或失敗也無法藉由其性格的轉變以及能力的突飛猛進或今非昔比來加以闡明——因為希特勒始終維持原樣。

歷史人物往往在大功告成之後，便喪失了自己當初的成功者特質，這樣的人雖然為數不少，可是希特勒絕非其中的一員。他從未耽於安樂，以致鬆懈下來或者讓大權從手中滑落。自從他參與公眾事務以來，其活力與意志力直到最後一日都同樣地驚人。甚至當他所統治的疆域最後只剩下了柏林總理府的掩體時，他依然握有絕對的統治權。當時曾有一個棲身掩體之內的人——愛娃·布勞恩的妹夫菲格萊恩——試圖於一九四五年四月二十八日，也就是在希特勒自殺之前兩天逃跑。希特勒下令把他抓回來槍斃，他果然就被抓回來槍斃。無論是命令的本身或快速執行的方式，都很有希特勒的個性。

戰爭最後四年內時乖運蹇的希特勒，與之前功業彪炳的希特勒是同樣的一個人。他雖然必須吞服藥丸、難以成眠，並不時為手臂顫抖所苦，其貫徹意志的能力卻絲毫未受損傷。有些人想把戰時最後幾年的希特勒描繪成只是他自己的影子和令人憐憫的行屍走肉，但這些說法都過於誇大其詞。純粹以身體或精神的崩潰作為理由，無法解釋為何希特勒經歷了功德圓滿的十二年以後，會在一九四一至四五年之間慘遭災難性的失敗。

有些人則試圖用「狂妄自大」——此即習慣於成功的人以目空一切之傲慢態度向命運挑戰——來說明以上的現象，可是此種與「體能衰弱」完全相反的論點同樣無法適用。例如希特勒決定進攻俄國，結果為自己的末日埋下了伏筆。然而這個決定並非源自成功之後所激發出的靈感，反而是希特勒許多年前幾經考慮之下訂出的主要目標，並且一九二六年已於《我的奮鬥》之中對此著墨闡明。一九四一年的另一個致命決定——向美國宣戰——與其說是「狂妄自大」，倒不如說是絕望中所做出的決定（我們將在〈過失〉一章對此詳加討論）。希特勒固執己見，縱使敗象已露，仍舊堅持既定的路線；同樣的執拗態度也曾展現於一九二五至二九年之間，當他上一回失利的時候。那時他的黨雖然極力爭取「合法」奪權，卻連續幾年連一步路都走不出去。

如果希特勒狂妄自大的話——在某種程度內確實可以如此稱呼他——那麼他打從

一開始就是這個樣子。還有什麼事情會比一個沒沒無聞、早就一事無成的人竟敢立志從政，還要來得「狂妄自大」呢？希特勒本人即曾反覆表示，與他最初的大膽行動比較起來，日後的一切作為根本就易如兒戲。我們不妨相信他的這個講法。此外，他成為政治人物之前的「學習期」短得異乎尋常——假如他果真有過「學習期」的話。一九二三年的失敗政變，實際上就是他所曾獲得的唯一教訓。[1]在其他方面，他簡直以一種令人不安的方式始終維持原樣。他的政策至少從一九二五年開始就一成不變，一直持續到一九四五年為止。這二十個年頭當中只出現過兩次改變，那就是他所面對的阻力在強度上有了不同。

獲致這項認知以後，我們突然得到一個線索，可以把它拿來破解希特勒「功業曲線」之中的謎團。這個線索的關鍵不在於希特勒本身的任何變化，而是希特勒的對手在態度上與人事上有所改變。

我們在區分希特勒的「成就」與「功業」之前，曾經花過一點心思。「成就」屬於個人的範疇；「功業」則需要正反雙方參與，而且一方的功業即為另一方的敗績。當人們使出同樣力氣與對手周旋的時候，遇弱則勝、遇強則敗，這是再粗淺也不過的道理。可是這個粗淺的道理往往為人所忽視。如果我們在此不忽視這個道理，那麼一切都可以迎刃而解：我們只需要把目光從希特勒身上移開，將焦點集中在他每一次的對手上面，希特勒成功與失敗的原因即可解釋清楚。

希特勒的功業從未來自與強大對手的過招，他的對手甚至連「頑強」也稱不上。即使是一九二〇年代末期的威瑪共和國，或者是一九四〇年時的英國，對他來說都過於強大。更何況他從未具備豐富的想像力和隨機應變的能力，而那正是弱者有時可以用來智取並擊敗強者的工具：當他在一九四二至四五年之間對同盟國作戰的時候，根本就沒有動過念頭，應當如何利用其內部的緊張關係來將之分化瓦解。希特勒自己反而比其他任何人做出更多貢獻，維繫了那個在許多方面顯得極不自然、由西方和東方所共同組成的作戰同盟。他甚至以盲目的執拗態度盡其全力，使得那個有時已經四分五裂的同盟結合得更加緊密。

他一切的功業，都源於對手缺乏能力或意願來進行真正的抵抗。在內政方面，當威瑪共和國形同槁木死灰、實際上已經為人所遺棄的時候，他給予了致命的一擊。在外交方面，他終結了一九一九年成形的歐洲和平體系，可是該體系本身早就岌岌可危，而且已被證明為滯礙難行。在這兩個案例當中，他只不過推倒了原已搖搖欲墜的東西。

就個人方面而言，希特勒在一九三〇年代的情況與二〇和四〇年代不同，他的對

1 一九二三年政變失敗以後，希特勒決定變更路線，由武力奪權改為「合法」奪權。

手毫無例外也都非常軟弱。德國保守派人士一度有意與他爭奪威瑪共和國的繼承權，可是他們缺乏具體構想、內部分崩離析，再加上立場搖擺不定，時而打算對抗希特勒，時而又打算與他結盟。同樣游移於對抗與結盟這兩極之間的，還有三〇年代後期英法兩國的政治人物，而希特勒就從他們手中贏得了自己外交上的功業。若仔細觀察一九三〇年時的德國、一九三五年時的歐洲以及一九四〇年時的法國所處的狀況，希特勒的各種功業便失去了時人眼中所見的奇蹟光環。因此我們有必要費心對此加以探討，即使這看起來彷彿暫時偏離了希特勒這個主題。但如果不對現代歷史多一點認識的話，希特勒的成功之路只會繼續讓人難以理解。

一九三〇年時的威瑪共和已經陷入絕境，而且此事發生於希特勒同年九月首度在選戰中獲得大勝之前。三月間組成的布呂寧政府已為第一個「總統內閣」，[2]準備過渡至一個完全不同的國家秩序與憲政體制，但其中的細節仍然未經仔細考慮，還沒有被定義出來。布呂寧與他的兩位後任（巴本及施萊歇爾[3]）不同，仍遊走於憲法所允許的合法邊緣地帶，至少其執政時所憑藉的「緊急行政命令」還受到國會「容忍」。可是即使在布呂寧背後，也缺乏憲法所要求的國會過半數支持；他在「永遠的緊急狀態」之假象下，得以擺脫國會來推行政務，此舉實際上已經廢止了威瑪憲法。因此，人人皆可琅琅上口的說法——希特勒窮追猛打摧毀了威瑪憲法——其實是一個錯誤。當希特勒正式上台的時候，威瑪憲法已經岌岌可危。一九三〇至三四年之間的內政鬥爭，事實上已經與捍衛共和無關，所爭奪的對象只是共和國之繼承權。所剩下的唯一問題就是，究竟應該由保守派來接替那個已被放棄的共和國呢（其最終結果就是恢復帝制），抑或由希特勒來出面？

若想瞭解這個問題的出發點，就必須簡短回顧一下威瑪共和國的歷史。那是一段從肇始之初就非常不幸的歷史。

共和國剛成立的時候，僅僅由三個政黨所組成的中間偏左聯盟來支撐。它們分別是社會民主黨、較左傾的自由主義者以及天主教徒，[4]於帝國時代末期已共同構成帝國國會的多數派。帝國接近尾聲之際，也就是在一九一八年十月間，它們終於實現了議

2 一九三〇年三月底已無任何政黨可在國會獲得過半數支持。興登堡總統乃架空國會的內閣同意權，任命布呂寧為總理。此後總理之去留端視總統喜好，施政所依賴的是總統頒布的「緊急行政命令」而非國會多數議決。布呂寧及其後任皆被稱作「總統內閣」。希特勒的上台也被興登堡視為總統內閣制之延伸。

3 布呂寧下台以後（一九三二年五月底）及希特勒上台之前（一九三三年一月底），相繼由巴本（Franz von Papen, 1879-1969）及施萊歇爾組成短命內閣。巴本為投機政客，於希特勒上台後擔任了一年半的副總理。施萊歇爾（Kurt von Schleicher, 1882-1934）則為興登堡身邊性好權謀的將領，曾先後促成布呂寧及巴本內閣之上台與下台。

4 「威瑪聯盟」之成員為社會民主黨（SPD）、德意志民主黨（DDP）及中央黨（Das Zentrum）。

會政治（更精確的講法是：議會政治突如其來被丟到他們身上）。[5]一九一八年的十一月革命爆發後，它們在「國民議會」共組「威瑪聯盟」，大致參考了帝國末期的議會政治形態而制訂出《威瑪憲法》，並實地參與治理國家的工作。可是不過一年之後，它們已在首度舉行的共和國選舉中永遠失去了多數派的地位。

在此過程當中，十一月革命發展得不如人願，完全打亂了「威瑪聯盟」的計劃。最後，「威瑪聯盟」敉平了革命。此舉使得左派大失所望，因而不斷堅持激烈的反對立場，不但從未接受威瑪共和，而且拒絕與之和解。可是無論如何，革命已經實現了一個再也無法扭轉回來的成果，那就是廢除帝制。此事發生以後，「威瑪聯盟」於迫不得已之下，只得把革命所創造出來的共和國據為己有。[6]如此一來，「威瑪聯盟」又令那些將威瑪共和視為「十一月革命的國家」之右派人士，變成了人數更多、立場更為強硬的持久反對派。他們與失望至極的左派立場相同，都無法接受那個共和國，而且比左派的反對勢力還要來得危險，因為他們此前此後幾乎皆占據了軍中及官方的一切職位。於是威瑪共和國從肇始之初開始，其公職人員之中即充滿了敵視憲法的人物！更何況自一九二〇年起，共和國來自右派與左派的敵人共同在國會握有多數席次。結果威瑪共和在一九二五年以前，宛如一艘自下水首航後即長年遭遇海難的船隻，不斷劇烈搖擺晃動。幾乎每年都發生了或來自右派、或來自左派的政變（一九二三年的希特勒政變只不過是其中之一而已）。在那些年頭，幾乎沒有人期待共和國會有辦法頤享天年。

此後它卻在一個短暫時期內，看似鞏固了自己的地位。此即一九二五至二九年之間「黃金的二〇年代」。對希特勒而言，這是他徹頭徹尾缺乏成就的年代。在那個時期，他仇視共和國的喧囂言論完全得不到回響，幾乎淪為笑柄。到底什麼地方出現了改變？是什麼事情使得那個「沒有共和黨人的共和國」驟然生意盎然起來？

其中有許多原因。當時出現了一位非常能幹的外交部長古斯塔夫・史特雷斯曼，[7]他著手與戰時的敵人進行和解、緩解國內的困境，並帶來了能夠提高國家聲望的一些小成就。來自美國的貸款則促進經濟繁榮，造成小康的局面。但最重要的地方在於：

5 德國軍方因戰事失利，於一九一八年九月二十九日要求立即進行停戰談判，並組成代表國會多數的內閣以利談判進行。德皇威廉二世乃於翌日同意引進議會政治，並於十月三日任命自由派的巴登親王（Max von Baden, 1867-1929）出任帝國總理。在軍方的堅持下，內閣成員由國會多數派組成。巴登親王隨即受到軍方逼迫，依照「十四點和平綱領」向美國總統威爾遜提出停戰要求。此為德意志帝國末期走上議會政治的經過（「議會政治突如其來被丟到他們身上」）。

6 革命爆發後，帝國總理巴登親王於一九一八年十一月九日將總理職務轉讓予社民黨黨魁艾伯特（Friedrich Ebert, 1871-1925），二人之出發點原為維護帝制。帝制無法挽回後，艾伯特當選為威瑪共和國首任總統。

7 古斯塔夫・史特雷斯曼（Gustav Stresemann, 1878-1929）為經濟學博士，曾於一九二三年八月出任總理解決了惡性通貨膨脹，同年十一月轉任外長，致力與法國和解、打破德國外交困境，並於一九二六年獲得諾貝爾和平獎，三年後病逝於柏林。

人多勢眾的右派反對力量，早就已經（亦可說是「仍然」）在自己所拒絕的國家內盤據了各個政府部會和行政機構的要職，於是暫時嘗試性地放棄了自己的反對立場，勉強同意好好治理這個國家。在那幾年之內，共和國的反對者因而變成了「基於理性的共和黨人」。

另有一個決定性的事件，使得這種半推半就的立場轉變成為可能，並為共和國帶來站穩腳步的機會。此即興登堡於一九二五年四月當選總統。許多人把這個事件看成是威瑪共和國末日之濫觴。此種觀點完全錯誤。對共和國而言，興登堡當選總統是福從天降，並使之獲得了唯一的一次機會。那位戰時的英雄和帝國時代的元帥位居要津之後，右派人士發現，他們迄今所堅決反對的共和國突然變得可以接受，於是逐漸做出某種形式的和解。這種局面更可在一九二五至二八年之間維持下去，因為當時出面組閣的是一個中間偏右的聯盟（由天主教徒、右派自由主義者及保守派人士共同組成）。於是支持共和國的各個政黨，首度（而且是唯一的一次）完全涵蓋了從右到左的政治光譜，唯有諸如共產黨和國社黨之類激進的邊緣團體除外；至於當下的反對黨——社會民主黨及中間偏左的自由派人士——對共和國的忠誠度則是毋庸置疑的。

但這只不過是一段插曲而已。當右派政府於一九二八年的選戰落敗，自一九二〇年以來即淪為在野的社會民主黨人再度出任總理後，[8]從此一切成為過眼雲煙。保守派人士於其新領導人（胡根貝格[9]）之帶領下，重新走回堅決反對共和的路線。天主教「中央黨」有了新領袖（卡斯[10]）以後，同樣鼓吹專制獨裁政權的必要性。與此同時，國防部一位深具政治野心的將領（馮・施萊歇爾[11]）進而開始拼湊政變計劃。右派人士的立場為：類似一九二八年的選舉結果絕對不可再度出現。尤其政府——而且是一個永遠的右派政府——必須像俾斯麥的帝國一樣，獨立於議會和選舉結果之外；議會政治應該被取消，由總統制的政體取而代之。

到了一九三〇年三月，時機終於成熟。史特雷斯曼已於一九二九年十月去世，美

8 那位社會民主黨人是赫爾曼・米勒（Hemann Müller, 1876-1931），曾於一九一九年擔任外長，簽訂了令當時德國人痛恨的《凡爾賽和約》。米勒於一九二〇年三月出任總理，三個月後即因敗選而下台。其第二次總理任期為一九二八年六月至一九三〇年三月（經濟大蕭條時期）。

9 胡根貝格（Alfred Hugenberg, 1865-1951）為經濟學博士、德國工商業大亨與激進的民族主義者，一九二〇年代並為德國出版業及電影界的巨擘。胡根貝格於一九二八年出任德意志國家民族黨主席，極力鼓吹成立專制政體，並於一九三一年與納粹結盟。希特勒上台後，胡根貝格曾短暫出任經濟部長及農業部長。

10 卡斯（Ludwig Kaas, 1881-1952）為神學博士、神父及中央黨的國會議員，一九二八年成為黨主席，促成該黨快速向右轉。卡斯的出發點乃與希特勒共組聯合政府，使之融入體制內，但此舉完全徒勞無功。卡斯後於一九三三年代表納粹德國與教廷進行談判，自一九三四年起在梵諦岡教廷出任要職。

11 施萊歇爾自一九一九年起即任職於國防部，一九二〇年代末期已可影響興登堡總統而決定部長及總理的去留，有「總理製造者」之稱。施萊歇爾於一九三二和三三年之交曾先後短暫出任國防部長及總理。

國股市也在同一個月之內崩盤，不但導致全球經濟危機，並立刻為德國帶來災難性的影響。政府對此因應無方而不得不黯然下台。這回再也沒有另外一個以國會為導向的政府過來接替，反而由一個較不知名的中央黨右派人物——布呂寧（施萊歇爾的人選）——出馬成為缺乏國會多數支持的總理。可是他卻因此獲享類似獨裁者的絕對權力，並肩負一項秘密任務，必須完成過渡期的工作，建立一個保守專制、獨立於議會之外的政權。其間他援引憲法有關「緊急狀態」的條款，[12]藉由「緊急命令」來施政。但國會不願俯首聽命，於是被他解散。這正是希特勒的大好機會。一九二五至二九年，當共和國還完好無缺（或看起來幾乎完好無缺）的時候，沒有可供他發揮的餘地。國家於一九三〇年陷入危機之際，他的黨就在一夕之間成為全國第二大黨。[13]

希特勒已經兵臨城下！從此開始，甚至連社會民主黨也在兩害相權取其輕的考量下，容忍布呂寧不合乎議會政體的「非常時期政府」。布呂寧因而得以在兩年多的時間內，繼續進行半合法的統治。但是危機不斷升高、希特勒的浪潮也不斷高漲，而且布呂寧無法履行當初施萊歇爾所交付的任務：從半合法的政府形式過渡至一個新而獨裁的國家。他在一九三二年五月為此被迫下台。施萊歇爾接著推出一個更加不受國會支持的新人（馮．巴本）來擔任總理。巴本組成一個「男爵內閣」，[14]並宣揚「一種全新的國家領導方式」。他所採取的第一個措施，就是再度解散國會。結果希特勒的黨在國會中的席次立即又增加了一倍，成為德國最大黨。[15]自此可供選擇的對象只剩下了巴本／施萊歇爾或者是希特勒。爾後不再有人談論採行議會政治的共和國，它就這樣不聲不響地被埋葬掉。當時的爭奪對象已為其繼承權。

巴本／施萊歇爾與希特勒之間既緊張又刺激的鉤心鬥角遊戲，填滿了一九三二年八月至三三年一月之間的日子。我們無須在此詳述其經過，反正一開始就已經非常清楚，希特勒手上拿的牌比較好。其中最簡單的原因為：希特勒是一個人，而其對手則已一分為二。況且他的背後有一個群眾運動，巴本和施萊歇爾卻只有一些來自已逝帝國的過氣政治精英。尤其重要的原因是，希特勒完全清楚自己想做什麼；巴本和施萊歇爾則否，而且他們根本不可能曉得自己想做什麼。畢竟興登堡已經八十五歲了，他們若想在他過世以後繼續維持專制政權，只有走上君主復辟一途。他們卻出於很好的理由不敢正視這個問題——找不到既合適又受愛戴的皇帝人選。於是他們沉迷於光怪

12 即威瑪憲法第四十八條——公共安全及秩序遭受嚴重威脅時，總統得使用緊急處分權。
13 納粹在一九三〇年九月十四日國會大選中獲得百分之十八點三的選票，成為僅次於社民黨的德國第二大黨。
14 巴本內閣具有濃厚的貴族色彩，而且外交、內政、財政、交通、農業等部長均為男爵，故被時人譏為「男爵內閣」。
15 納粹於一九三二年七月三十一日新一輪的國會選舉中，獲得百分之三十七點三的選票，從此穩居德國最大黨。

陸離的構想之中：巴本身為橫衝亂撞的「貴族騎士」，夢寐以求之境界就是禁止所有的政黨，然後建立一個純粹的上流社會專政甚或貴族專政，而其唯一的憑藉就是國防軍的槍尖。施萊歇爾較為務實，認為這將超出國防軍的能力之外。可是他也有自己的幻夢：他打算分化國社黨並組成一個聯盟，其中將包括「溫和的」納粹（不含希特勒）、工會、青年同盟及國防軍，以之作為一個法西斯等級制度國家的骨幹。

二人當然自始即已一敗塗地，但更嚴重的後果就是他們為此而決裂。施萊歇爾推倒了巴本內閣，接著自己出任總理。巴本一心只想報復，再加上性好孤注一擲，於是與希特勒結盟共同對抗施萊歇爾。他又說服興登堡將施萊歇爾免職，然後任命希特勒為總理。巴本原已不反對讓希特勒擔任副手（亦即在某種程度內讓他重為「鼓手」），現在更進而樂意屈居希特勒總理的副手。他甚至希望藉著自己的保守派部長團隊，能夠把希特勒「圈起來」。

這只是癡人說夢而已。至於希特勒如何於隨後數月及翌年將其保守派跟班們玩弄於股掌之間，最後進而在一九三四年八月興登堡棄世以後集大權於一身，已經是大家耳熟能詳的事情。我們沒有必要對此加以贅述。不過有一個並非家喻戶曉的事實倒值得說明一下，而且許多人可能會聞之而深感詫異：

一九三〇至三四年之間，希特勒唯一必須認真看待、有時還必須加以打擊的國內政敵或競爭對手，就是保守派人士。自由主義者、中央黨及社會民主黨則從未對他構成任何威脅，就連共產黨員也不例外。

即使當他從一九三四年開始獲得無限權力以後，情況也在數年之間未嘗出現變化。依然忠於自己信念的自由主義者、中央黨及社會民主黨人，幾乎都採取了對希特勒無甚大礙的消極態度，早已遁居自己的內心世界或者流亡海外。一些小型的共黨團體仍然進行純象徵性的抵抗行動或地下活動，他們不斷被破獲並不斷重組，於毫無指望的情況下依然視死如歸。這固然展現出人性令人肅然起敬的一面，不過對希特勒而言，那純粹是交由警方辦理即可解決的問題。保守派的人士則不同，他們在軍方、外交界及行政機關早已根深蒂固，掌握了關鍵性的職務。這才是希特勒真正持續面臨的政治問題。那些人對日常政務具有不可或缺的重要性，固然是半個盟友，但依舊也是半個對手，而在有些時候，至少他們當中的某些人更成為完全的對手：

巴本和施萊歇爾於一九三四年夏季的危機中再度聲名大噪（施萊歇爾為此付出了自己的性命，巴本則遭貶謫出任外交職務）；[16] 保守派的國防軍將領曾於一九三八年和

16 希特勒下令於一九三四年六月三十日夜間撲殺「突擊隊」高層及其他主要政敵，施萊歇爾與其妻亦遭「黑衫隊」射殺於自宅（報復他有意分裂納粹黨）。巴本副總理則於同年七月底遭希特勒逐出內閣，長年被外放擔任大使。

三九年研擬政變計劃；諸如格爾德勒和波皮茨[17]之類的保守派政治人物，則在戰爭初期與來自軍方、政界及經濟界的人士共同密謀反對希特勒。到了一九四四年，甚至出現一個由政界及軍方反希特勒保守派人士共組而成的大同盟，然後於七月二十日臻於最高潮。[18]就其本質而言，七月二十日的事件實為一場由極端保守派人士所展開的行動——儘管他們為了妝點門面，打算在政變政府之內為幾個年輕的社民黨政治人物安插部長職位。因此曾經有人言之成理地表示，死難者名單讀起來簡直像是《哥塔貴族譜系手冊》的摘要。[19]政變失敗的主要原因之一，就是所欲實現的政治理念充滿了濃厚的浪漫保守色彩，與之前巴本和施萊歇爾的構想同樣未經深思熟慮，不但時代錯亂，更脫離了現實。

保守派的反對勢力始終無法對希特勒帶來真正的危險，而且希特勒輕而易舉就不斷對他們取得了一連串的勝利。不過無論如何，那是唯一令希特勒直到最後都還頭痛不已的反對勢力。同時那也是唯一曾經有過機會來推翻希特勒的反對勢力。雖然其成功的機會相當渺茫，可是他們至少對此做出了一次嘗試。這個反對運動來自右派。從他們的角度來看，希特勒所處的位置是在左派的那一邊。

這是發人深思之處。今天有許多人習慣把希特勒劃歸到政治光譜極右派的一端，可是他無法如此輕易就被定位出來。希特勒當然絕非民主人士，不過他是一個民粹主義者，以群眾而非精英分子作為自己權力的基礎。在某種意義上，他是一個獲得專制權力的群眾領袖。身為領袖，其最重要的法寶就是煽動群眾的本領。他的統治工具並非層次分明的等級制度，而是一大堆雜亂無章、互不協調的群眾組織，唯有當他個人位居頂端的時候，才有辦法使之團結在一起。與其將這一切稱為「右派」，倒不如稱之為「左派」的作風。

在二十世紀諸多獨裁者當中，希特勒很明顯地位於史達林與墨索里尼之間。而且經過仔細觀察之後，便可發現他所處的位置距史達林比較近，離墨索里尼比較遠。最容易讓人產生誤解的做法，就是把希特勒稱作「法西斯主義者」。法西斯主義是由上層

17 格爾德勒（Carl Friedrich Goerdeler, 1884-1945）曾擔任萊比錫市長，並為希特勒倚重的物價管制專家。二戰爆發後出現一些色彩互異的反希特勒團體，格爾德勒即為其中民族主義保守派分支的核心人物。各反對派曾於一九四四年密謀籌組新政府，並由格爾德勒擔任國家領導人。暗殺希特勒的行動失敗後，格爾德勒被判處死刑，於一九四五年初處決。波皮茨（Johannes Popitz, 1884-1945）為希望恢復帝制的法學博士及財稅專家，曾於納粹上台後擔任普魯士財政部長。波皮茨自三〇年代末期與反抗團體密切往來，被內定為「格爾德勒政府」的財政部長，與格爾德勒於同一日被絞死。

18 德國軍方曾於一九四四年七月二十日，由史陶芬堡伯爵進行暗殺希特勒的行動，但希特勒僅受輕傷。

19《哥塔貴族譜系手冊》為一七八五至一九四三年之間印行於哥塔市的德國貴族譜系大全。暗殺希特勒的行動失敗以後，約有五千人或遭處決或死於獄中，著名的普魯士貴族家族幾乎均有人遇害。

社會來進行統治，並以刻意炒作出來的群眾激情作為支撐。希特勒固然令群眾產生了激情，卻從未試圖藉此來鞏固上層社會。他並非階級政治家，其國家社會主義則完全有異於法西斯主義。我們已經在前一章裡面看見，其「將人群社會化」的做法，與今日的蘇聯和東德等社會主義國家極為神似。這些神似之處，在法西斯國家頂多只處於發育不良的狀態，有時甚至完全缺乏。希特勒的「國家社會主義」與史達林的「一國社會主義」之間——請注意其用語上的同質性！——固然因為私有財產及私有生產工具的繼續存在而出現區別（對馬克思主義者而言，是重大的差別），但是就極權的「指令國家」這個方面而言，希特勒政權是否也具有同等重大的差別，則是一個懸而未決的問題。

無論如何，與墨索里尼的古典法西斯主義比較起來，二者之間的區別反而更形顯著：希特勒的國家缺乏君主政體，因此沒有可被罷黜或可以替換的獨裁者；黨內或國內均無確定的等級架構；沒有憲法（甚至沒有法西斯的憲法）；與傳統的上層社會並無真正的結盟關係，更遑論是提供助力為之服務。此外還有一個外觀上的差別，對許多攸關本質的事項產生了重大的象徵性意義：墨索里尼穿著燕尾服和黨制服的次數同樣頻繁。希特勒唯有在一九三三至三四年之間的過渡時期才偶爾穿一穿燕尾服——那時興登堡還是總統，而且他在表面上仍須維持與巴本之間的同盟關係。在此之後，他就跟史達林一樣只穿制服了。

結束討論希特勒一九三〇至四〇年之間內政方面的功業以前，還有最後一個觀點油然而生，值得插進來簡短討論一下。然後我們就可以把目光轉移到他一九三五至三八年之間外交方面的功業，那同樣可以依據當時的歷史做出合理解釋。

經常有人問起：假如希特勒現身於今日的德意志聯邦共和國，他是否仍將獲得與一九三〇年相同的機會——尤其假如經濟危機和失業問題與當時的威瑪共和國同樣嚴重的話？如果我們針對「希特勒奪權」所做出的分析正確無誤，那麼這個問題的答案可以教人安心：希特勒不至於獲得同樣的機會。不至於如此的原因是，今天的聯邦共和國並不存在拒絕接受這個國家的右派人士，來事先為他完成毀滅國家的預備工作。

一個國家是不會純粹因為經濟危機和高失業率而分崩離析的。否則以美國為例，該國恐怕早就因為大蕭條和一千三百萬失業人口，在一九三〇至三三年之間四分五裂。威瑪共和並非亡於經濟危機和高失業率，雖然二者不免對形成末日般的氣氛產生了雪上加霜的作用。真正把它毀掉的，就是威瑪時代右派人士此前所展現出來的堅決態度，他們不惜廢除實施議會政治的共和國，以建立一個定義不清的極權國家。威瑪共和也並非毀於希特勒之手：當他成為總理的時候，威瑪共和早已毀滅。他只不過是從其毀滅者手中奪走權力而已。

波昂與威瑪之間的重大區別正在於，聯邦共和國之中已不復存在當初把威瑪共和毀掉的那股政治勢力，也就是拒絕接受這個國家的右派人士。或許正是因為他們與希特勒競爭失敗，再加上長年枉費心力進行反抗，接受了非常慘痛、時而血腥萬分的教訓，這才終於歸順了共和國、議會政治以及民主政體。無論如何，德國右派人士自從與希特勒打過交道以後，終於有所體會：對自己較為有利的做法，還是成為議會體制內的政黨，與其他政黨（即議會之中的左派政黨）輪流以執政黨和反對黨的身分來較勁。這至少勝過在一個專制國家裡面，與一個長於煽惑群眾的民粹主義獨裁者爭奪領導權。「基督教民主聯盟」[20]組黨以後——由天主教的中央黨與過去的右派政黨融合而成——即標誌出右派人士在心態上的根本轉變。此舉與社會民主黨在之前三十年從革命黨轉型為議會民主政黨相同，皆為本世紀德國的重大政治事件。

德意志聯邦共和國擁有威瑪共和國所不具備的事物——民主的右派陣營。這個國家不僅由一個中間偏左的聯盟來支撐，[21]而且受到政治光譜之中的所有政黨認同（激進的邊緣團體則始終為例外）。因此按照常理判斷，類似一九三〇年為希特勒鋪路的那種發展趨勢不至於再度出現。這種政治結構——而非僅僅因為波昂的《基本法》在某些方面優於《威瑪憲法》——使得波昂成為比威瑪更為強固的共和國。在結束這個主題以前，最後尚有待說明之處為，這種現象仍將持續下去，縱使有朝一日聯邦德國像最初的十七年一樣再度出現右派政府，[22]或者政府為了因應恐怖主義而引進嚴苛的法律，情況也不會有所改變。那些著眼於此而將德意志聯邦共和國與納粹德國相提並論的人，其實並不曉得自己在說什麼（他們幾乎全都沒有親身領教過希特勒）。

希特勒內政上的功業講述至此即已足夠，現在可以進而討論他外交上的功業。這大多同樣必須歸功於對手的軟弱，而非希特勒本身的強勢。一九三〇年他在國內所面對的，是一個成立於一九一九年、但已行將就木的共和國；一九三五年他就在相同的情況下，於國際間面對肇始於一九一九年、但已完全崩解的歐洲和平體系。就跟當初在國內一樣，現在希特勒也在國外發現，現狀的維護者已經鬥志渙散，而且那些想以其他形式來取代現狀的人，正在無意之間成為他的幫手。若欲明白情況為何變得如此，我們就必須採取類似前面瀏覽威瑪共和國歷史的方式，簡短回顧一下一九一九年創建於巴黎的歐洲和平體系之歷史。

20「基督教民主聯盟」(CDU）亦稱「基民黨」，成立於一九四五年，為戰後德國的保守派政黨。其在巴伐利亞的名稱為「基督教社會聯盟」(CSU），亦稱「基社黨」，政治立場更為保守。

21 作者發表本書時（一九七八年），西德由社會民主黨（SPD）及自由民主黨（FDP）共同執政。

22 德意志聯邦共和國於一九四九年成立後，最初十七年由基民黨和基社黨共同執政。一九六六至六九年間，社會民主黨與之共組「大聯盟政府」，接著由社會民主黨主政。一九八二至九八年之間再度由基民黨主政，並完成東西德統一。

那是一段同樣不幸的歷史，甚至具有相同的結構。巴黎和平體系存在著與威瑪共和國一樣的先天缺陷，二者就在相似的情況下一敗塗地。威瑪共和失敗的原因在於：德國右派人士在國內的勢力依舊最為龐大，而且是國家施政所不可或缺的權力團體；威瑪共和未能一開始就持續削弱其勢力（雖然一九一八革命提供了機會），也無法持續將之融入新成立的共和國。巴黎和平體系則失敗於：德國仍為歐洲第一強國，而且是維持歐洲政局穩定所不可或缺的力量；可是該體系無法持續削弱其實力，或者持續將之整合進來。巴黎和平體系的創造者甚至在這兩方面反其道而行。他們沒有採取當初梅特涅於「拿破崙戰爭」結束後對待法國的方式，非但未能讓德國一開始就成為和平秩序的共同創建者，反而加以侮辱並將之排除在外。當時他們也沒有採取前後一致的做法（例如分而治之或實地占領），讓德國不再有能力進行擾亂。反之，他們不但讓德國維持統一和獨立——這曾經在一八七一至一九一八年之間，使德國躍居歐洲第一強權——更在自己不知不覺的情況下，為之移除了大多數此前足以與之相抗衡的勢力，進一步提升其強權地位。

德國人的心理反應則不難理解。他們把《凡爾賽和約》——也就是巴黎和平體系當中直接攸關德國的部分——視為奇恥大辱。實情確也如此，而且最大的侮辱主要就來自於締結和約之方式。《凡爾賽和約》果然如同受辱的德國人所稱，是一個強加過來的條約。它與之前歐洲的各個和約不同，並非勝利者與戰敗者所共同商議出來的協定。以往進行談判的時候，勝利者順理成章享有較強勢的地位，不過戰敗者能夠以形式上的對等身分參與協商，藉此保住自己的顏面。於是戰敗者也必須負起道義上的責任，共同維護所達成的協定。這回德國卻被擋在門外，並於最後通牒及戰爭之威脅之下，被迫在對方自己談出來的協議上面簽字。[23]於是德國人自始即不認為那份簽訂於脅迫之下的條約，可對自己產生任何約束力。甚至無須條約內容中俯拾即是的破壞名譽、歧視對待、惡意刁難的單獨條款來火上加油，他們也會一心一意只想「掙脫凡爾賽的枷鎖」。這種意圖便決定了德國一九一九至三九年之間的整個外交政策，從威瑪到希特勒皆如此。威瑪共和國和希特勒一樣，都曾經在這方面獲得了成功。於是當希特勒面對歐洲和平體系以及身為其中一環的「凡爾賽的枷鎖」時，該體系已經瀕臨完全崩解。

事態的發展早已證明，在「凡爾賽的枷鎖」之殘餘物被希勒特以簡單得令人吃驚的方式撕毀以前，它早就形同具文。見諸於紙上的，是德奧雙方所盼望的合併以及德

23 協約國於一九一九年六月十六日提出最後通牒，限德國於五日內接受《凡爾賽和約》。德國已於一九一八年十一月十一日停戰協定生效時交出潛艇及一切重裝備，此刻完全無力抗拒，只得於憤恨之下接受戰勝國的一切要求。

軍的現代化裝備一同遭到禁止；見諸於紙上的，是德國的兵力被限制在十萬人以內；見諸於紙上的，是德國好幾個世代的人口必須償付戰敗賠款。可是，並不存在任何勢力足以迫使那些見諸於紙上的限制和義務受到尊重。一九一九年巴黎和會所獲致的各項決議更已預做安排，使得那種勢力無法存在。它們甚至正好讓德國實現了未能於四年奮戰中爭取到的目標。德國在飽受戰敗的衝擊之餘，起初未曾注意到這一點，後來才逐漸留意於此：那些決議令德國在歐洲握有絕對的優勢，成為沛然莫之能禦的霸主。雖然就整體疆域而言，德國的領土慘遭「截肢」，可是大局並未因此而有所改變。

一八七一至一九一四年之間，德國未能突破歐洲第一強國的地位進而獨霸全歐之原因，就在於有另外四個歐洲強權為其近鄰：英國、法國、奧匈帝國和俄國。德國必須將這些強權列入考慮，因為它儘管在一對一的時候強過其中任何一國，可是自然敵不過四國加在一起以後的力量。一九一四至一八年之間，德國「攫取世界霸權」的意圖之所以落空，就是因為英法兩國起先與俄國，而後與美國組成了一個大聯盟的緣故。到了一九一九年，開戰以前的那四大歐洲強權已經有一個在巴黎被摧毀，那就是奧匈帝國。另一個強權（俄國）則被剔除於任何歐洲共同事務之外，自然而然也被逐出戰勝國的聯盟。同時，一九一七年取代俄國加入戰局的美國主動退出戰勝國同盟，並拒絕為昔日盟邦的和平規範背書。那個和平體系的維護者，因而實際上一開始就只剩下了英法兩國。其情況正彷彿威瑪共和國僅由「威瑪聯盟」的三個政黨來維繫一樣。在這兩個案例當中，其根基均過於狹小以致無法支撐全局。

德國繼續保存了自己的主體之後，長久下來勢必變得過於強大，成為縱使英法合力也無法透過《凡爾賽和約》的書面限制來加以羈絆的對手——我們只需回顧二戰的戰局發展即可對此一目了然。至於那些自此填補了前奧匈帝國的疆域、位於德國與俄國之間新成立的小國家，更顯得命中注定只能成為德國的附庸國。現在只待德國從戰爭的負擔及戰敗的震驚之中復元過來。因此，戰勝國不僅藉由羞辱備至的對待方式，在巴黎將德國推上修正主義與復仇主義之途，同時更像是中了邪一般，使盡各種方法為之鋪路。

那兩個必須為此負起責任的強權——英國和法國——很快也隱約對此若有所知，發現自己已經鑄成大錯。不過他們於警覺之下得出迥然不同的結論：英國逐步放寬和約所開列的條件，希望藉此來「綏靖」德國，以便使得這個勢不兩立的對手最後終於能夠心甘情願支持修正後的和平體系。法國的立場則相反，企圖事後彌補錯失於巴黎的機會，以便真正削弱德國的力量。當法國果真於一九二三年採取實際行動，占領了魯爾地區以後，英法兩國之間的矛盾乃昭然若揭。英國沒有跟進，法國於是不得不退讓，從此默不作聲、咬牙切齒地追隨英國的「綏靖政策」。「綏靖政策」不同於一種以訛傳訛的講法，它並非一九三八年由內維爾・張伯倫在慕尼黑首開其端（當時此政策已接近尾聲），而是由其兄奧斯丁・張伯倫肇始於一九二五年的羅加諾。[24]

繼之而來的時期，在德國主要是與史特雷斯曼這個名字連結在一起。值得注意的是，此時的國際局勢與興登堡當選總統後的德國內政狀況雷同，二者起初在時間上也重合（但前者持續的時間較久，因為布呂寧、巴本和施萊歇爾繼續順著英國的綏靖路線前進，甚至希特勒在最初五年內至少表面上也依然如此）：正彷彿德國來自右派的共和國反對者，一度願意降格以求承認共和體制（其先決條件是必須由他們來進行統治），德國也一度願意退而求其次尊重建立於巴黎的和平秩序——如果它可以一點接著一點被拆除的話。

它果然被逐步拆除。史特雷斯曼、布呂寧、巴本及施萊歇爾等人的功業（羅加諾公約、德國加入國際聯盟、戰勝國提前撤出萊茵地區、刪減賠款金額、原則上承認德國在軍備方面的平等待遇），所產生的意義並不下於希特勒的功業——重整軍備、義務兵役制、與英國簽訂《艦隊條約》、重新將萊茵區軍事化、合併奧地利、合併蘇台德區。不過其中有一點不同：希特勒的前任們所採取的方式為，每當獲致一項成就之後即強調其中的和解色彩，以便不讓英國掃興，使之樂意繼續推動綏靖政策。希特勒則極力採取相反的做法，讓自己的成就看似奪自一個充滿敵意的世界。他達到了這個目的。

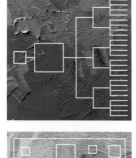

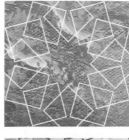

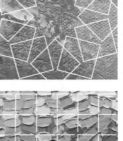

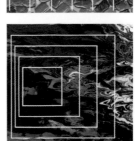

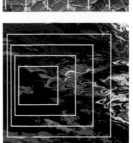

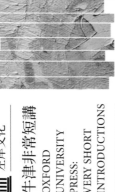

這不光是因為希特勒絕對控制了德國輿論界的緣故，同時也必須歸功於德國民意事先即已具備的一種傾向：渴望不斷看見在抗拒深受眾人痛恨的凡爾賽體系一事上獲得勝利。至於那些假和解之名所爭取到的外交成就，則只能讓人高興一半。

但在另一方面，希特勒把別人任他予取予求、甚至主動送上門來的外交成就如此渲染出來以後，逐漸破壞了其英國搭檔們的興致。他們無法視而不見，希特勒已日益規避做出所預期的回報——積極出力鞏固歐洲的和平，以及共同維護被修正得對德國較為有利的和平體系。他們開始做出非常合理的懷疑，認為希特勒事實上把他們為了鞏固和平而聽其自便的一切事物皆用於強化實力，藉以進行一場新的戰爭。希特勒合併奧地利的時候，英國還面不改色；他合併蘇台德區之前，英國已經想表示意見；當希特勒在《慕尼黑協定》中提出「最後的領土要求」以後，英國再次同意他的行動，可是這回英國國內出現了激辯。希特勒於半年之後撕毀這份協定，下令軍隊開入布拉格，

24 內維爾・張伯倫（Neville Chamberlain, 1869-1940）為推動「綏靖政策」的英國首相（1937-1940）。張伯倫於一九三八年簽訂《慕尼黑協定》，並宣示「我們這個時代的和平」。翌年二戰即告爆發。
奧斯丁・張伯倫（Austen Chamberlain, 1863-1937）曾任外交大臣（1924-1929），因推動建立歐洲集體安全體系的《羅加諾公約》，獲頒一九二五年諾貝爾和平獎。奧斯丁於一九二八年即已書面發表《我們這個時代的和平》，其弟內維爾只不過後來加以引用而已。

從此形勢丕變。綏靖政策已被埋葬，取而代之的是憤怒與無助之下，不惜與德國一戰的態度。這在英國也不例外，而且剛好在該國如此。

正因為希特勒刻意以令人瞠目結舌的方式，把自己在外交上的功業呈現出來，同時卻藉此做法使其源頭日趨枯竭，這令人禁不住產生懷疑，它們是否還稱得上是純粹的功業？或許它們反而更適合列入希特勒的〈過失〉，那也就是我們將在稍後的一章所討論的內容。至少它們為一個嚴重的過失做好了準備，即希特勒於一九三九至四一年之間所犯下的過失：當時德國已不戰而重新建立起無可否認的歐洲霸主地位，希特勒卻以之作為籌碼，進而採取軍事行動來征服和占領歐洲。那根本就像是蓄意強暴一個已經一心順從的婦女。

那幾個年頭再次為他帶來各種功業，它們不但完全多餘，長期下來更產生了傷害性十足的後遺症。儘管如此，它們仍然算得上是功業——這回已非在政治方面，而為軍事上的功業。不過各次成功的軍事行動當中，真正令人印象深刻的只有一項：輕而易舉就在短時間內擊敗法國。如果德國橫下心來的話，沒有人會懷疑它有辦法擊敗波蘭、丹麥、挪威、荷蘭、比利時、盧森堡、南斯拉夫和希臘等國。不過這樣的軍事行動只會讓人驚恐和痛恨，沒有人會表示佩服。可是一戰時鏖戰了四年依然讓人莫可奈何的法國，現在竟然在希特勒領軍之下，於六週內即被迫投降。這又一次，同時也是最後一次，確認了希特勒「奇蹟創造者」的名聲，而且這回他變成了「軍事天才」。希特勒的仰慕者早就經歷過各種內政及外交上的功業，到了一九四〇年的時候，他們更把希特勒看成是「有史以來最偉大的大軍統帥」。

今天無須多加解釋，即可明白這不是他所應得的稱呼。不過我們也必須針對那些批評他的軍方人士，為他做出一些辯護。若按照二戰德軍將領的戰後回憶錄，假如不是希特勒礙手礙腳的話，他們每個人都早就把那場仗打贏了。但這種說法並不符合實情。希特勒對如何打仗確實略有所知。他歸納整理自己一戰前線經驗的時候，較其他方面花費了更多心思，並於戰後不斷進行軍事上的自我教育。與邱吉爾、羅斯福和史達林等對手相形之下——他們也都是專業戰略家，但不願擔任有名無實的最高指揮官，更經常對自己的將領發號施令——希特勒在軍事上的表現並不會比他們差，甚至與屬下的某些將領比較起來也是如此。

當然，讓裝甲部隊獨立作戰的構想源自古德里安；而對法戰役時的卓越戰略計劃（遠遠優於著名的「施利芬計劃」），是由曼斯坦所研擬的。可是如果沒有希特勒的話，無論古德里安或曼斯坦都只會在那些階級較高、堅持傳統而且思想狹隘的陸軍將帥反對下，變得一籌莫展。希特勒採納了他們的構想，所以那些計劃之得以實現必須歸功於他。固然希特勒在對俄作戰的最後幾年內採取了缺乏創意、毫不退讓、死板僵硬的防禦戰略，充分顯露其得自於一戰經驗的戰壕心態，可是我們也必須換個角度來發問：假若不是希特勒那麼毫不退讓的話，俄國戰役是否在第一年的冬天即已結束於災難之中？希特勒絕對不是他自己眼中的軍事天才，但他也未必就是毫無指望的軍事門外漢和窩囊廢，只是許多將領在戰後回憶錄裡面必須以這種說法把他當作替罪羊。無論如何，一九四〇年成功得出人意料之外的法國戰役，主要就必須歸功於他。

這不僅是因為他看出了曼斯坦作戰計劃的價值，不顧陸軍總司令布勞希區和參謀總長哈德爾的疑慮，採納了這個作戰計劃。更重要的理由是，因為他——而且是他獨自一人——敢於進行這個軍事行動。每個德國將領眼前仍然浮現出一九一四年法國戰役時的恐怖景象：起初順利挺進以後，接著便陷入了長達四年的陣地戰泥淖。他們當中的某些人，甚至不惜在一九三九年冬季策劃反希特勒的政變，也不願再度從事那種冒險行為。全球的反應與德軍將領也沒有兩樣，多少認為法國理所當然會把一九一四年的保衛戰奇蹟重新上演一次。唯有希特勒不做此想。正因為這種普遍的期待很快就變成了失望，才使得希特勒的對法勝利顯得如此耀眼，看起來彷彿是一個真正的奇蹟。不過事實上並非如此。法國在一九一四年進行的保衛戰才是奇蹟，而一九四〇年時的法國已非一九一四年的法國（或許我們也有必要在此強調，一九七八年和一九四〇年時的法國也不相同；今天的法國是一個朝氣十足、無論在物質上和精神上均已強化的國家）。當時的法國則早在第一批德國坦克越過馬斯河以前，就已經在心理上被擊敗。

我們在前面勾勒出巴黎和平體系崩解經過的時候，暫時把目光偏離了一九二四年時的法國。那年，法國在魯爾地區採取單獨行動敗興而歸之後，被迫遷就了英國的綏靖政策：起初還半推半就並打算踩煞車，接著變得越來越意志渙散，到了最後就宛如被虐待狂一般過度順從。從那一年開始，法國實際上只能在歐洲政局扮演次要的角色。此後的主角是英國與德國，問題的關鍵則成為，英國的綏靖政策與德國的修正主義之間是否可以取得協調。法國只能期望最佳的結果出現：德國將會因為限制逐步解除，於心滿意足之下不再提出抱怨。

若德國無意如此的話，那麼法國就倒楣了，因為對德國所做出的任何讓步都是慷法國之慨。凡是每讓步一次，那個擁有七千萬人口的民族，便對這個只有四千萬人的民族重新發揮了更多自然優勢。法國曾試圖於一九一九至二三年之間打破這個困境，結果只是枉費心力而已。令法國一直憂慮不已的狀況是，如果綏靖政策繼續徒勞無功，那麼有朝一日國力再度上升後的德國決定展開攻擊以進行報復，英國與德國之間至少還隔了大海，可是法國卻連萊茵河亦已不復可得。法國追隨了英國的政策，然而自始即對成功的可能性深表懷疑；該國之所以出此下策，就是因為別無選擇。於是法國在精神上日益衰頹，其自保的意志更已形同癱瘓，不敢再想像第二次馬恩河會戰或凡爾登會戰的可能性。自從希特勒於一九三六年下令其軍隊重返萊茵地區這個昔日的攻擊發起地以後——此即六年以前，法軍在綏靖政策影響下提前撤出的同一個萊茵地區——法國只能像家兔凝視大蛇一般，癡癡望著希特勒的德國。到了最後，法國在驚恐之下，已於潛意識中盼望不可避免的結局早點出現。他們的想法是「必須使之盡早結束」，這就是法國於一九三九年走向戰爭時的戰鬥口號，聽起來簡直像是對戰敗的召喚：拜託趕快結束吧！

一九一九至三九年之間的法國歷史，就是一部歷經堅苦奮戰獲得勝利之後，接著又徹底失去勝利的歷史，那同時也是逐步從驕傲的自信跌落到幾乎完全自暴自棄的歷史。那是一個悲劇。可是從德國的角度來看，人們的記憶當中只有戰後最初幾年落井下石、糾纏不休的法國，自然不可能產生如此的感覺。上述的現象甚至根本就沒有被看出來。人們眼中的交手對象不僅僅是一九一九年時戰勝的法國，同時更是一九一四年時充滿英雄色彩的法國。德國的將領幾乎與法國人一樣畏懼新一輪的馬恩河會戰和凡爾登會戰。而且不光是德國人如此，這才是令人訝異之處：全世界——尤以英國和俄國為然——在一九三九年戰爭爆發之際都彷彿天經地義一般，看準法國隨時會像一九一四年時那樣，為了捍衛自己的國土、不惜讓法國之子灑下鮮血。只有希特勒的看法與眾不同。

事後加以回顧，便不難看出當時希特勒眼中所見的情況：法國在整整十五年之間，起初咬牙切齒，然後越來越意志渙散，於走投無路之下自暴自棄，做出了違背本國利益的舉動。一九二五年，法國簽訂《羅加諾公約》，實際上已經放棄了位於東歐的弱小盟邦。[25]一九三〇年，法軍撤出萊茵地區，雖然法國有權繼續在該地駐軍五年。一九三二年夏天，法國放棄對賠款之要求，同年秋末並同意德國在軍事上獲得同等地位。一九三五年，法國彷彿癱瘓了一般，眼睜睜看著德國大張旗鼓公然擴充軍備。一九三六年，法國又像癱瘓了一般，眼睜睜看著國防軍開進萊茵地區，雖然《羅加諾公約》將該地規定為非軍事化地帶。一九三八年三月，法國仍然像癱瘓了一般，眼睜睜看著德國以武力為後盾，完成合併奧地利的工作。同年九月，法國為了換取和平，又將捷克斯洛伐克這個盟邦的大塊土地——甚至整個國家——拱手交予德國。過了一年，法國因為德國攻擊其第二個盟邦（波蘭），於英國宣戰六小時之後也對德宣戰，但值得注意的是，該國的反應與其說是憤怒，倒不如說是沮喪。法國光是枕戈待旦長達三個星期

25 一九二五年簽訂的《羅加諾公約》共包含七個條約，旨在維護西歐和平。德國與法國、比利時之間的新疆界雖得到確認，但德國與其東方新成立各國之間的邊界並未獲得同樣保證。

之久，而在那三個星期之內，德國只有一個軍團的兵力可用於抵擋整個法國陸軍。其餘的德軍單位全部都在遙遠的東戰場忙於終結波蘭。

表現如此的國家，會有辦法在自己也遭受攻擊的時候，進行第二次馬恩河會戰和第二次凡爾登會戰嗎？當它面對第一次攻擊之際，豈不也會像一八〇六年時的普魯士一般立即全面崩潰？[26]當時普魯士曾於十一年的時間內推行了類似的怯懦政策，[27]直到最後才在最不利的時刻，向實力早已遙遙領先的拿破崙宣戰，進行了一場連自己也不完全清楚究竟所為何來的戰爭。希特勒對自己的行動則非常篤定，而且我們不得不承認，他並沒有看走眼。法國戰役就是他最大的功業。

但是，這個功業與希特勒所有的功業如出一轍，並非世人眼中所見的奇蹟。無論當希特勒對威瑪共和國或巴黎和平體系做出致命的一擊，或者當他以鐵蹄踏破德國保守派和法國的時候，他的做法都只是：投身撲向正在跌倒的東西以及殺死已經命在旦夕者。我們必須承認他具有一種本能，能夠看出何者正在跌倒，以及何者即將死亡，正等待被補上一槍來解脫痛苦。這種本能使得他凌駕於一切競爭對手之上（他年輕時住在舊奧地利便已具有此一本能），令時人和他本人都極為印象深刻。對政治人物而言，這種本能毫無疑問是非常有用的天賦，可是它比較不像是鷹隼的銳利目光，反而接近禿鷹的靈敏嗅覺。

26 拿破崙於一八〇六年大敗普軍並直搗柏林，普魯士幾乎亡國，在一八一三年之前淪為法國的附庸。

27 一七九五年，普魯士國王腓特烈·威廉二世將該國萊茵河以東領土割讓予法國革命政府，以便放手參與瓜分波蘭。普魯士在這位國王的昏庸統治下，國力本已急劇衰落，再加上繼任的腓特烈·威廉三世（在位期間為一七九七至一八四〇年）優柔寡斷、畏首畏尾，以致一八〇六年不堪拿破崙一擊。

第4章

謬誤

Irrtümer

希特勒主義與馬克思主義至少有一個共同處——都宣稱有辦法從單一觀點來解釋整部世界歷史。《共產黨宣言》指出：「至今一切社會的歷史，就是一部階級鬥爭史。」希特勒的講法也頗為神似：「一切的世界歷史事件，都只不過表達出各個人種的自保本能。」此類句子具有強烈的心靈感應作用。凡是讀到它們的人都會產生一種眼睛突然一亮的感覺：含混不清的東西因而變得單純、困難的東西則變得容易起來。它們讓心甘情願接受那種論點之人，產生一種「茅塞頓開」和「知之甚篤」的愉悅感，同時更使得他們對不願苟同者感到憤怒和不耐。

人生極為短暫，國家與民族則源遠流長；即使是社會等級和階級、各種機構及政黨所存在的時間，大多也遠遠長於那些以政治家身分為其服務的單獨個人。其結果為，政治家多半遵照實用主義來行動——有趣的地方是，立場越偏右的人物也就越發如此。他們在短暫的登台期間內，並不完全瞭解所演出的整齣戲碼。他們既沒有辦法也沒有意願來對此產生認識，只是做出眼前看起來最迫切的工作。他們以這種方式所獲致的成就，往往優於那些追尋長程目標、通常只是枉費心力想看出整體意義的人。某些最成功的政治家甚至是政治上的「不可知論者」，根本不相信全局具有任何意義。例如俾斯麥即曾表示：「我們的各個國家、國家的權勢及榮譽，在上帝面前與牛蹄踐踏之下的蟻穴和蜂巢有何不同？或許祂會以養蜂人那樣的姿態來決定命運。」

另外一種類型的政治人物，則嘗試把理論轉化為實務。當他們為自己的國家或政黨服務的時候，同時也將為「歷史」或「進步」服務視為己任。這樣的人物大多來自左派陣營，而且通常比較不成功。失敗的政治理想家和烏托邦主義者多如恆河沙數，不過還是有少數偉人以這種從政方式取得了成就，尤其那些大革命家更是如此：例如克倫威爾、傑弗遜，在我們的世紀則有列寧與毛澤東。從實際狀況看來，他們的功業總是與所期待的情況不大一樣——比較醜陋——可是這對功業本身並未造成不利影響。

希特勒顯然屬於第二種類型的政治人物，這也是為什麼我們必須特別留意，不能率爾將其政治立場劃歸為右派的主要原因之一。他無意僅僅成為一個政治上的實用主義者，而是要當政治思想家以及政治目標的設立者，也就是要當一個「綱領家」——這是希特勒以其獨樹一幟的語言風格所創造出來的稱呼。在一定程度上，他不但身為希特勒主義的「列寧」，同時也是「馬克思」。令他特別引以為傲之處，就是自己集「綱領家」和政治家於一身，而且這是「人類在很長的期間內」難得一見的現象。不妨一提的是，希特勒做出了完全正確的認知，此即純粹按照理論（也就是「綱領」）來行事的政治人物通常會比實用主義者面臨更多困難：「因為一個人的志業對未來所產生的意義越重大，他就會奮鬥得越艱苦，而且越難取得成功。儘管如此，倘若他仍然得以成為幾百年內唯一的興旺者，那麼到了晚年便可沐浴於未來榮耀的微光之中。」

如同大家所曉得的，希特勒並未獲得這種殊榮。於其晚年「沐浴」著他的，全然不是「未來榮耀的微光」。不過絕對正確之處則為：他是依據自己制訂的綱領來搞政治，這使得他的政治工作更加困難，而非變得比較簡單。我們甚至可以進一步表示，他事先即已設定出自己的失敗。希特勒替自己編織出來的世界觀（即其綱領之基礎），其實並不正確。以這種世界觀為圭臬的政策，就好像使用了錯誤地圖的旅人一樣，無法抵達目的地。

因此，希特勒的政治世界觀值得仔細探討一下，並區分其中謬誤、正確或至少還站得住腳的地方。但說來奇怪的是，迄今難得有人進行這種嘗試。一直要等到一九六九年，埃伯哈特·耶克爾才從零星散布於大量書籍及演說詞之中的各種想法，將「希特勒的世界觀」分析出來。在此之前，關於希特勒的論述甚至無意著眼於此，認為根本就沒有這種世界觀存在。當時的主流意見更可用英國的希特勒傳記作者亞倫·布洛克[1]的言辭總結歸納如下：「納粹主義的唯一原則，就是為權力而權力以及為統治而統治。」此為其明顯有異於羅伯斯比[2]與列寧之處；就後二者而言，「權力意志……與主義的勝利可以並行不悖。」

即使到了今天，許多未曾進一步鑽研這個主題的人士仍然抱持相同看法，於是把希特勒視為純粹的機會主義者和直覺性的政治人物。

可是他恰好不是那樣的人。就戰術手法與時機選擇等問題而言，希特勒固然十分信賴自己的本能——他的直觀能力。可是在政治策略方面，他卻完全遵循明確萬分、甚至非常僵化的基本構想。而且他把那些基本構想安排成一個大致前後連貫的體系，縱使其外圍部分模糊不清。套用馬克思主義者的講法，那就是一種「學說」。該「學說」原本以斷簡殘編和偏離主題的方式，零星散布於希特勒的多種政治文獻之中，耶克爾可謂事後才將之建構在一起。但即使是耶克爾也沒有走出下一步，因為他把任何批評都看成是多此一舉：「文明人無須討論這種從一開始就毫不掩飾，將戰爭與謀殺視為唯一手段的世界觀；無論此前或此後，都沒有任何事物可較之更為原始及殘暴。」這是再真實也不過的講法！現在我們為了進行批判性的解說，不得不把希特勒當作政治思想家來深入探討，這恐怕並非一件令人愉快的事情。不過基於兩個完全相反的理由，似乎仍有這麼做的必要。

一方面是因為，希特勒的理論思想繼續存活了下來，雖然此事並未全面發生，但其程度已超乎人們的想像——不僅在德國人當中如此，也不只是在有意識的希特勒支持者當中是這個樣子。另一方面則是因為，若未能明確區分該思想當中何者為謬誤、何者或多或少言之成理，那些正確之處恐將遭受池魚之殃而成為忌諱，只不過就因為它們也是希特勒的想法。但二乘二仍然等於四，即使希特勒也毫無疑問曾經那麼想過。

其中的第二個危險來得更為嚴重，因為希特勒思想上的出發點幾乎全無自出機杼之處——他所做出來的結果才是別出心裁的地方，而且幾乎徹頭徹尾均可證明為謬誤。例如他在建築設計方面的情況：希特勒設計時的出發點，乃傳統的古典主義官方建築

1 亞倫·布洛克（Alan Bullock, 1914-2004）為英國歷史學教授，曾擔任牛津大學副校長，一九五〇年代初期因撰寫希特勒傳記而出名。

2 羅伯斯比（Maximilien Robespierre, 1758-1794）為法國大革命時期「雅各賓」黨人的領袖，於一七九四年成為獨裁者並進行血腥恐怖統治，同年即遭推翻並被送上斷頭台。

形式，這是完全無可指摘的事情。可是他隨即以誇張炫耀、挑釁意味十足的結構比例糟蹋了一切。至於被他拿來作為出發點的基本構想，也都是同時代大多數人的共同意見，其中某些部分甚至就像是「二乘二等於四」那樣的基本事實。

例如世上有許多不同的民族，這是最基本的事實。除此之外，世上有許多不同的人種也是最基本的事實——雖然「人種」一詞於希特勒身後幾乎成為不得使用的字眼。在他的時代有一個可說普遍被接受、而且直到今天仍然稱得上盛極一時的論點：國家與民族必須在最大範圍內取得重疊，也就是說，一個國家同時應該是民族國家。另外一個普遍被接受的看法是：在國家生活中不能夠沒有戰爭。這種看法在希特勒之後才被打上問號，至於應該如何廢除戰爭，即使到了今天仍然找不到答案。這些例子都只是用來提醒大家，我們不應該把希特勒所想過或說過的東西全部都斥為「不值一辯」，只不過就因為他那麼想過和那麼說過。同時，也不應該把每一個就事論事探討民族與人種、口中談論民族國家、正視戰爭可能性的人，一概以「希特勒」這個具有致命性的名字來加以駁斥。總不能因為希特勒在計算上出了差錯，便把數字也廢掉吧？

現在就讓我們試著簡單描繪一下希特勒關於歷史與政治的世界觀，這就是「希特勒主義」的理論基礎。它看起來大致是這個樣子：

一切歷史事件的主導力量都只是民族或人種，而非階級或宗教，甚至嚴格說來連國家都不包括在內。歷史「為一個民族的生存奮鬥過程之展現」。那也可以用一個選擇性的講法陳述如下：「一切的世界歷史事件，都只不過表達出各個人種的自保本能。」國家「原則上只是用於實現目的之工具，其被設定的目的就是要維繫人類各種族之存在。」或者套用一個較不具防禦性的講法：「其目的在於維繫及提升一個於肉體及精神上具有同質性的共同體。」「國內政策必須鞏固民族的內在力量，以便將之用於確保自己對外的地位。」

確保對外的地位有賴於奮鬥：「想生存的人就必須奮鬥，凡是不願爭鬥的人便不配在這個永遠對抗中的世界享有生命。」而各個民族（或人種）之間的奮鬥，通常自然而然會以戰爭的形式上演。在正確的觀察下，「戰爭之性質已非一次次個別出現、或多或少令人驚懼的非常事件。它們反而自動納入一個合乎自然、甚至理所當然的體系之中，供一個民族取得堅實、穩固與持續不斷的發展。」「政治是進行生存奮鬥的藝術，供民族維護其於世上的存在權。外交政策是一種藝術，用於為民族鞏固其所必需的生存空間之大小與品質。對內政策是一種藝術，讓民族藉由人種價值及人口數量等形式，獲得奮鬥時必不可缺的力量部署。」

簡而言之，政治就是戰爭以及戰爭的準備工作，而在此戰爭中，所攸關的主要就是生存空間。其有效性放諸四海而皆準，可適用於所有的民族，甚至適用於一切的生物。那是因為：「它們的自保本能以及對繼續存在下去的渴望，都沒有止境；反之，這整個生命過程所上演的空間卻受到了限制。生存空間所帶來的局限，造成了生存奮鬥的迫切性。」對德意志民族而言，情況更是如此，它「必須凝聚自己的力量，邁上一條將本民族導引出今日狹窄生存空間的道路，向新的陸地與土壤前進。」其主要目標必須是：「破除……本民族人口數目與土地面積之間的不當比例——後者可視為滋養的泉源以及權力政治的據點。」

其次，戰爭攸關統治與征服。意即「大自然之貴族基本法則所期待的，就是強者獲得勝利，以及弱者遭受毀滅或無條件自行屈服」。其中存在著「力量的自由發揮，此必將導致互動作用，持續提升人種的優生保育」。

第三，這同時是最終的層面，民族之間藉由戰爭來進行的持續奮鬥，其目的在於爭奪世界的統治權。一九三〇年十一月十三日所發表的一篇演說，即對此做出了最簡明扼要的解說：「任何生物都在爭取擴張，任何民族都在爭取統治世界。」這未嘗不是一件好事，因為「我們都料想得到，人類將在遙遠的未來面臨許多問題，屆時將只有一個身為主子民族的最高等人種，有資格憑藉整個地球的工具及可能性來解決那些問題。」《我的奮鬥》收筆部分顯然將德國作為指定的對象，表示它「不可避免地必將贏得自己在地球上應有的位置」——「值此人種毒化的時代，一個國家若能致力於維護其最優良的人種要素，有朝一日必將成為地球的主人。」

到目前為止，一切論述雖然略嫌偏狹、莽撞和大膽，前後倒還可以連貫起來。真正讓人起雞皮疙瘩的，就是看見希特勒如何在「人種」那個概念上面大變戲法。「人種」雖然是希特勒思想世界的核心概念（「人種問題就是世界歷史的關鍵」），可是希特勒從未加以定義，並經常把它與「民族」這個概念混為一談。若按照希特勒的講法，「一個身為主子民族的最高等人種」有朝一日必將主宰世界。不過，那到底是一個人種呢，還是一個民族？是德國人呢，還是「雅利安人」？希特勒從未把它講清楚。同樣不清楚的地方是，其眼中的雅利安人究竟為何許人。只包括那些或多或少屬於日耳曼人的民族？還是除了猶太人之外所有的白種人也都可以算進來？這在希特勒的論述中都找不到答案。

「人種」這個概念，無論按照一般語言習慣或是在希特勒的用語裡面，均有「定性」或「中性」兩種截然不同的含義。「優秀品種」和「品種改良」皆為來自畜牧養殖業的定性概念，意即淘汰特定品種之中的劣等個體而不加畜養，同時擬透過培殖來強化一個品種的某些特質。當希特勒談論一個民族的「人種價值」時，也經常以同樣方式使用上述的概念──例如藉由將弱智者強制結紮，或殺害精神病患，以便提高「人種價值」。

在一般語言習慣上，「品種」一詞也可以是價值中性的概念，用於辨別一個物種的不同品種。無論是人類、馬匹或犬隻免不了都會出現同樣的情形。膚色互異的人類，可在完全不做出價值判斷的情況下，區分為不同的人種。如果有人因為希特勒的緣故，嘴巴上不想再掛著這個字眼，還是必須想辦法為此找出意思相同的其他稱呼。[3]除此之外，希特勒時代很常見的做法，就是以容易造成混淆的方式，將特徵不同的白色人種劃分為諸如日耳曼、拉丁和斯拉夫等民族；要不然就依據不同的軀幹或頭顱形狀，稱之為北歐、阿爾卑斯、地中海以及「第拿里」等「人種」，[4]並為此加上了武斷的價值評比。例如「日耳曼人種」或「北歐人種」在某些人的耳中，聽起來就比「斯拉夫人種」或「阿爾卑斯人種」要來得高級。[5]

這一切在希特勒腦中都完全亂成一團。耶克爾曾在描述希特勒世界觀的時候做出了許多貢獻（那也是我們迄今主要的參考對象），再加上他也嘗試在希特勒的整體世界觀之中，為其人種學找出一個既明確又合乎邏輯的恰當位置，所以在這方面應該同樣可以為我們提供若干助力。但是這只有在省略一樣東西以後才行得通，而且所省略的正是希特勒眼中之要點所在。[6]如果我們僅僅從養殖業者的角度來看待「人種」——這是希特勒往往也採用的做法——也就是只著眼於一個民族可以（而且必須）藉由「優生保育」來提高自己的「人種價值」，那麼一切都可以迎刃而解：

各個民族成為歷史的主角，歷史本身的組成要件則為民族間的戰爭，亦即它們為了奪取生存空間和世界統治權而進行的競爭奮鬥。各民族理所當然必須隨時為此奮鬥做好準備，這不光是在軍事和意識形態上面如此，在生物方面亦然。所採取的方式即為提高「人種價值」，也就是必須剷除弱者，並刻意培育出對戰爭有益的人種特質。這一切固然都不正確——而且我們還會重返這個主題——但它們仍然前後一貫而且互不矛盾。可惜這並非希特勒全部的世界觀，反而只說出了一半。另外一半即為其反猶太主義，但為了對此做出辯解並將之合理化，他需要為「人種」創造出另外一個概念。甚至可以說，他為了遷就這個概念，首先就需要一個矛盾百出的嶄新理論。

到目前為止，我們對希特勒的反猶太主義只做過一次簡短的說明：我們曾在觀察希特勒生平的時候，確定那是最先深植於其內心的事物，甚至早於他的種族主義與大

3 例如聯合國教科文組織於一九五二年建議將「人種」（race）一詞改稱為「族群」（ethnic group）。

4 依據納粹的「人種學」，長顱、金髮、藍眼、高大、白皙的「北歐人種」為「主子民族」（德國人、斯堪的納維亞人、英格蘭人等日耳曼民族）。其他尚可被接受的白色人種包括「阿爾卑斯人種」、「地中海人種」以及東南歐的「第拿里人種」。斯拉夫人種於其眼中乃「劣等人種」，猶太人則被貶為「寄生蟲」。

5 說來好笑的是，若嚴格遵照納粹「人種學」的定義，希特勒本人、許多納粹高幹及一般德國南方人都「只能」被劃歸為「阿爾卑斯人種」。

6 所指為希特勒的反猶太主義，稍後將詳加說明。

德意志兼而有之的民族主義。不過從現在開始，我們將在每一章裡面探討這個令人厭惡的主題。那是因為希特勒對猶太人的觀感不僅為其影響最深遠的謬誤，而且他的猶太人政策更成為其政治實務當中的第一個謬誤。他對猶太人犯下了最嚴重的罪行，甚至連希特勒最後對德國做出的背叛行為，也和深植於其心中的反猶太妄想有著相當密切的關係。現在就讓我們探討一下，他的反猶太理論究竟有何謬誤。

這又是一整套自成一格的理論，而且唯有在非常不自然的情形下，才有辦法將之與前面剛剛描述過的理論（可稱之為「種族主義理論」）熔於一爐。若按照前述的理論，整部歷史只是各民族之間持續進行的生存空間奮鬥。現在我們卻突然獲悉，那並非事情的全豹。按照希特勒的看法，除了民族間的奮鬥之外，歷史還具有另外一個不變的內涵，那就是「人種奮鬥」。但此並非白種人、黑種人和黃種人之間的奮鬥（希特勒對白種人、黑種人和黃種人之間的實際人種差別完全不感興趣），而是白種人內部發生於雅利安人和猶太人之間的奮鬥——也就是猶太人與其他所有人種之間的糾紛。其他人種雖然平時不斷相互爭鬥，但是在對抗猶太人的時候應該悉數歸屬同一陣營。這場奮鬥所攸關的已非生存空間，而為名副其實的生存之戰，因為它是一場滅絕性的鬥爭。猶太人乃每個人的共同仇敵：「其最終目的是去民族化、將其他民族混血雜種化、降低最高等民族的人種水平，並透過滅絕民族的智能之士以及用自己的民族成員來加以取代，藉此掌控這個民族大雜燴。」

然而事情還不僅於此：「當猶太人借助於自己的馬克思主義信仰，對世界各個民族取得勝利之後，其冠冕將成為人類的死亡花環。然後這個行星就會再度像數百萬年前一般，了無人煙地運行於以太之中。」這麼說來，猶太人不只想要滅絕「民族的智能之士」，並且顯然打算毀滅整個人類。既然事態如此，全人類理應齊心協力，為了自己的緣故來滅絕猶太人。希特勒以其猶太人終結者的身分，果真認為自己不僅在推行專為德國而設的政策，更進而以全人類的急先鋒自居：「我抗拒猶太人的時候，其實是為上帝的事業而奮鬥。」他在自己的政治遺囑之中，將「國際猶太集團」斥為「全球所有民族的毒害者」；他於一九四五年四月二日向博爾曼所做的最後一次口述中，更以如下的言論作為收尾：「人們將會永遠感激國家社會主義，因為我在德國和中歐消滅了猶太人。」希特勒在此簡直是以國際主義者與人類的造福者自居。

目前我們尚未做出任何批評，只是進行敘述而已——儘管不加批評即轉述這種具有謀殺性的謬論著實令人不快。但即使是進行純粹的描述，仍有必要對三個問題提出答覆：

第一個問題：希特勒眼中的猶太人究竟為何？是一個宗教、一個民族，還是一個人種？

第二個問題：希特勒到底認為猶太人做出了什麼勾當，以致為其他民族帶來這麼大的危險，因而必須得到如此恐怖的下場？

第三個問題：希特勒有關「猶太人與其他所有民族間之持續鬥爭」的理論，應如何與他有關「其他民族彼此之間同樣持續進行（而且同樣為『上帝所願』）之奮鬥」的理論取得協調？

希特勒確實曾經嘗試過，分別為這三個問題找出答案來。不過那些答案都有些模稜兩可而且裝腔作勢。這正是希特勒思想世界模糊不清的外圍部分。

關於第一個問題，對希特勒而言只有一點是清楚的：猶太人並非宗教共同體。他還不厭其煩地一再加以重複，卻從未對之立論說明，其實這才是真正需要好好解釋的地方。因為人人都看得見有一個猶太教存在，而且正是這個宗教使得猶太人散居各地將近一千九百年以後，仍然得以凝聚為猶太人。講到這裡暫時也就夠了，反正對希特勒而言他們並非宗教共同體。但他們究竟是一個人種還是一個民族呢？希特勒自己顯然從來就沒有完全拿定主意。他固然不斷提起「猶太人種」，而且話中帶有雙重含義——分別為「劣等人種」及「不一樣的人種」——不過他還是在自己那本書的第二卷之中，對其反猶太主義理論做出了最詳盡的闡述，並以比較恰當的表達方式稱之為民族，甚至賦予了猶太人與其他民族相同的權利：「每個民族在人世間的所做所為都具有一個基本傾向，那就是其推動力主要來自於渴求自保，猶太人的情況與此並無二致。」可是他立刻補上一句：「但就此而言，正因為雅利安民族與猶太人秉性迥異，其生存奮鬥的形式也大為不同。」

因為猶太人——現在我們隨之來到希特勒對第二個問題所做出的答覆——具有國際化的本質，以致沒有能力來組成國家。對希特勒而言，「猶太」與「國際化」簡直就是同義字，凡是國際化的事物皆與猶太人脫離不了關係。但希特勒在此脈絡之中竟然談到了一個猶太人的國度：「猶太人的國度從未受限於空間，而是遍布於不受限制的空間之上，不過它局限於一個人種群體之內。」因此（現在好戲開始上演），這個「猶太人的國度」——亦即「國際猶太集團」——就是其他所有國家的共同敵人；猶太人使盡各種手段對它們進行無情的打擊，在外交方面所憑藉的是和平主義、國際主義、資本主義與共產主義，在內政方面則憑藉議會政體與民主政治。這些皆是用來削弱及毀滅國家的工具，它們全部都是猶太人的發明，而這一切只有一個目的：妨礙各雅利安民族進行光輝燦爛的生存空間奮鬥（猶太人自己則奸詐狡猾地並未加入這個奮鬥），並且削弱其力量，以便為自己確立毀滅性十足的世界統治權。

如此一來，我們也獲得了希特勒對第三個問題的答覆。為何所有的民族必須立場一致來對抗猶太人，雖然它們其實正因為彼此之間的生存空間奮鬥而忙得不可開交？

答案是：正因為它們必須進行生存空間奮鬥，所以才有這麼做的必要，以便消除後顧之憂，全力投身於自己的生存空間奮鬥。猶太人是這場美妙大戲的攪局者；他們用自己的國際主義與和平主義、（國際化的）資本主義以及（同樣國際化的）共產主義，來轉移各雅利安民族的注意力，使之怠忽己身的首要任務和最重要的工作。因此他們必須滾開，完全從世界上滾開，而非僅僅滾出德國而已。他們必須被「移除」，不過並不是像家具那般被移開以後又被放置到另外一個地方，而是要跟污漬一樣，以清洗的方式來加以抹除。人們絕不可讓猶太人有任何出路。縱使他們放棄了自己的宗教，那也毫無意義可言，因為他們並非宗教共同體，而是一個人種。假如他們進而企圖透過與雅利安人混血，來為自己的人種找出脫身之計，那麼情況會變得更加糟糕。因為他們這麼做了以後，只會把雅利安人種劣化，使得各相關民族無力勝任自己必須從事的生存空間奮鬥。倘若他們想完全融入那些民族，因而成為德國、法國、英國或其他國家的愛國者，那麼勢將演成無以復加的最惡劣局面：他們這麼做的目的，就是要「使各民族陷入相互之間的戰爭。（但這豈不正是希特勒眼中各民族存在的目的？）他們開始採取這個步驟之後，即逐步以其財力及宣傳作為後盾，搖身一變成為各民族的主宰者」。人們看得出來，猶太人可以為所欲為：他們永遠是不正確的一方，因此無論如何都必須遭到滅絕。

以上就是希特勒的第二個理論，亦即反猶太主義理論。它完全平行獨立於第一個理論（種族主義理論）之外，甚至很難與之熔於一爐。這兩個理論共同組成了希特勒那位「綱領家」的思想架構。這可以被稱作「希特勒主義」，就某種程度來說，是希特勒相應於馬克思主義的姐妹之作。

希特勒主義與馬克思主義至少有一個共同之處——它們都宣稱有辦法從單一觀點來解釋整部世界歷史。《共產黨宣言》指出：「至今一切社會的歷史，就是一部階級鬥爭史。」希特勒的講法也頗為神似：「一切的世界歷史事件，都只不過表達出各個人種的自保本能。」此類的句子具有強烈的心靈感應作用。凡是讀到它們的人都會產生一種眼睛突然一亮的感覺：含混不清的東西因而變得單純、困難的東西則變得容易起來。它們讓心甘情願接受那種論點之人，產生一種「茅塞頓開」和「知之甚篤」的愉悅感，同時更使得他們對不願苟同者感到憤怒和不耐。因為那種權威性論點的弦外之音就是：「其他的意見全部都是騙人的把戲。」無論在信仰堅定的馬克思主義者或希特勒主義者身上，同樣都可以發現這種唯我獨尊和不容異己的態度。

把「一切的歷史」看成必須是這種或那種樣子，當然是謬誤的做法。歷史就好比是一座原始叢林，而人們於林中開闢的任何蹊徑皆無法探勘整個叢林。歷史上固然有過階級鬥爭與人種鬥爭，但除此之外更經常出現的，卻是國家、民族、宗教、意識形態、朝代和黨派等等之間的鬥爭。凡是想得出來的人類群體，沒有一個不曾在特定的歷史時空下，與另外一個群體處於衝突的狀態。

然而歷史不光是由鬥爭所構成的，這正是那些武斷教條的第二個謬誤之所在。僅以各個民族和階級為例，在他們穿越歷史時空的過程中，和平共處的時刻遠多於交相征伐。它們用於維護和平的工具與它們一再武裝衝突的原因，至少同樣有趣、一樣值得作為歷史研究的課題。

國家就是用於維護和平的工具之一，但值得注意的是，國家在希特勒的政治體系之中只扮演了次要的角色。我們已經在另一段上文，也就是在探討希特勒的〈成就〉時，面對了一個令人詫異的事實：他從來就不是一位政治家。甚至在戰爭爆發很久之前，他已竭盡所能摧毀了所接收的德國國家體制，並以充滿「國中之國」的混亂狀態取而代之。現在我們更從希特勒的思想世界之中，為此不端行為找到了理論上的根據。希特勒對國家不感興趣，他不瞭解國家，並將國家視為無物。他所在乎的只有民族與人種而已，國家則不在此列。對他來說，國家只是「實現目的之手段」——打開天窗說亮話，那就是用於作戰的工具。一九三三至三九年之間，希特勒從未疏於進行戰備。他所創造出來的只不過是一架戰爭機器而非一個國家，這將帶來極為惡劣的後果。

國家並非戰爭機器——它頂多只是一架戰爭機器的擁有者——而且它不見得必須

是單一民族的政治機構。「民族國家」這個概念存在的時間不超過兩百年。歷史悠久的國家大多曾經包含過、或者至今依舊包含了許多不同的民族。古代的大帝國如此，今日的蘇聯亦然。要不然就是它們只包含了一個民族的一部分，古代的城邦國家與今日的各個德語系國家即為其例。它們未曾因為這個緣故而不再成為國家，也未曾因此而失去存在的必要性。關於國家的思想存在的時間遠遠長過了民族主義思想。同時，國家存在的主要目的並非為了進行戰爭，反而是替自己的國民維護及確保對外對內的和平。不論國民是否具有民族上的同質性，國家都是用於維持秩序的機制。戰爭是特殊情況，而且和內戰同樣都是國家所處的緊急狀態。為了因應這些特殊情況與緊急狀態，國家均握有武力的壟斷權，並掌控自己的軍隊和警察。國家除了為此而設之外，也被用於解決各式各樣的糾紛。但其用意絕非在於犧牲其他民族來擴大自己民族的生存空間、藉由戰爭來提高人種的素質，或進而取得世界的統治權。

希特勒對這一切都缺乏概念。更妥當的講法或許是：他根本就不想產生這種認知。那是因為希特勒的世界觀存在著醒目的「唯意志論」色彩——在他眼中只有自己想看見的世界。

不可否認的是，這個世界確實很不完美，充滿了鬥爭、苦難與傷痛；在國與國之間的關係中，猜忌、敵意、恐懼與戰爭更是斑斑可考。凡不願對此視而不見的人，都做出了非常正確的反應！假如希特勒的言論僅僅繞著上面的現象打轉，那麼他就完全沒有脫離現實。只不過他立論時不像馬丁．路德或俾斯麥那樣，以哀憫而勇敢的方式說出了嚴肅的事實——路德稱之為「原罪」，俾斯麥則稱之為「塵世間的缺陷」，藉此來正視那些現象。希特勒反而以尼采經常使用的那種顛覆性語氣，把令人扼腕的事件當作喝采的對象。對希特勒而言，例外情況變成了規範，國家只是為戰爭而存在。可是他這麼一來就陷入了謬誤。世界並不是這個模樣，國與國之間的關係也有異於此。國與國之間一貫的做法為，戰爭永遠只是用來獲得和平。防禦性的戰爭都是這樣，但攻擊性的戰爭也不例外，戰爭唯有在這種情況下才得以產生意義。每場戰爭結束的時候都會簽訂和約或國際協定，藉此來建立新的和平狀態，而且和平所持續的時間通常長於失常的戰爭時期。作戰的結果出來以後就必須簽訂和約，否則那場戰爭便完全失去了意義。希特勒卻看不見這一點（他根本無意著眼於此），於是導致他犯下了最具災難性的過失。這將是下一章的探討範圍。

在希特勒的世界觀裡面，戰爭反而一直是征服之戰，目的在於為發動戰爭的民族贏得生存空間，持續不斷地奴役（或毀滅）戰敗者，到了最後就是要統治世界。這是另外一個謬誤。歐洲自從「民族大遷移」以來[7]——至少直到希特勒登台之前為止——即不曾出現過生存空間之戰，可說為時已有一千五百年左右。從此歐洲各民族已經居有定所，縱使某些省分於簽訂和約時更換國籍，甚至諸如波蘭那樣的國家為其近鄰所瓜分，但各地的居民仍然棲息於原地。於是既無人贏得、亦無人失去生存空間，可見歐洲的戰爭並非為了爭奪生存空間。要等到中斷了大約一千五百年以後，希特勒才將之重新引入歐洲歷史，而且為德國帶來了可怕的後果。例如德國昔日東方領土的居民都遭到驅離，[8]但這正是希特勒一再宣揚的戰爭宗旨，而且他自己也曾在被征服的波蘭實地採取過這種做法。

基於另外一個理由也可以看出，「生存空間」的構想實為謬誤。進入二十世紀以後，已經不再值得為生存空間而戰。當希特勒把一個民族所居住和耕作的土地視為衡量財富與權力的標準、當他宣揚及推動「土地政策」的時候，他忘記了工業革命的存在，或者有意將之視若無睹。自從工業革命以來，財富與權力之關鍵已非所擁有土地的面積，而為科技的水準。對後者來說，生存空間之大小並不是那麼重要的事情。

7 民族大遷移為日耳曼人於西元二至六世紀之間向西方和南方的大規模遷徙行動。狹義的民族大遷移則始於西元三七五年，即匈奴大舉入侵歐洲所造成的骨牌效應。民族大遷移的最終結果之一，就是西羅馬帝國於西元四七六年滅亡以及歐洲開始進入中世紀。

8 德國於二戰後喪失了東普魯士、波美拉尼亞與西里西亞三大省分。當地的居民與蘇台德區德國人悉數遭到驅離，有姓名可考的難民人數即多達九百六十萬人。

就一個國家的科技與工業發展而言，過度的「生存空間」——亦即以稀薄的人口來占有廣大的空間——反而只會成為障礙。例如蘇聯即深受其苦：縱使做出了一切努力，面積遼闊、天然資源蘊藏豐富，但是人煙稀少的西伯利亞始終無法順利開發。無論如何，最明顯的現象就是，今天世界上某些最貧窮和最衰弱的國家面積遼闊，有些最富裕和最安定的國家卻是蕞爾小邦。希特勒雖然在軍事科技及動員群眾等方面，充分運用了現代化的思想，但就其生存空間理論而言，他仍然完全活在工業革命以前的時代。

偏偏希特勒的這個謬誤積重難返。正是因為對「前工業革命時代」的懷舊之情，再加上人們近兩百年來發現自己正日益加快陷入非人性化的「人工世界」，於是產生了畏懼和厭惡的心理（這些現象不僅在希特勒的時代普遍存在，今天也再度甚囂塵上）。這個背景使得許多同時代的人，對希特勒的生存空間思想產生了共鳴：地圖上面的德國與其實力及人口數目相較之下，不是的確顯得太小了嗎？不過話要說回來，假如德國打算再度以農立國的話——很奇怪的是，希特勒在這方面的想法與摩根索不謀而合[9]——那麼果真就需要更大的生存空間。但德國也唯有在這種情況下才會有此需求。

至於「二十世紀戰爭之最終目標就是統治世界」的想法，這同樣在希特勒之前即已出現，而且存活得比他更久。早在第一次世界大戰爆發以前，帝國總理貝特曼—霍爾維格[10]的顧問，一個受過高等教育、名叫庫爾特·里茨勒[11]的人士即曾寫道：「依據此理念……任何民族皆企求永無止境的成長、擴張、統治及征服，並希望將內部凝聚得更為緊密、不斷將更多的成分合併進來，以便不斷成為一個日趨崇高的整體，直到寰宇皆於其統治之下成為單一的有機體。」這是不折不扣的希特勒，只不過表達得更加故作正經而已。儘管如此，它還是錯誤的，因為並非每一個民族皆以此為目標。否則難道瑞典人和瑞士人都不算是民族嗎？[12]甚至連殖民帝國主義時代的歐洲列強，也不能說它們當中的每一個都真正想獨力爭取世界的統治權：數百年來的經驗已經深植其心，使得它們曉得不但無法相互毀滅，即使僅僅試圖在歐洲稱霸的嘗試，也會招致其他受到威脅的強權共組同盟，令這種嘗試歸於失敗。

9 摩根索（Henry Morgenthau, Jr., 1891-1967）為羅斯福的親信及美國財政部長（1934-1945），曾於一九四四年九月擬訂所謂的「摩根索計劃」，要點包括將戰敗的德國去工業化，使之成為農業國家。此計劃在交戰雙方皆引起極大反彈，杜魯門上台後被「馬歇爾計劃」取代。

10 貝特曼—霍爾維格（Theobald von Bethmann-Hollweg, 1856-1921）為一九〇九至一七年之間的德意志帝國總理。貝特曼—霍爾維格誤以為戰爭可局部化，因而支持奧匈帝國向塞爾維亞宣戰，其政策對一戰的爆發及擴大難辭其咎。

11 庫爾特・里茨勒（Kurt Riezler, 1882-1955）為德國外交官、歷史學家及哲學家，一九二〇年代曾於法蘭克福大學擔任要職，因為猶太人身分而於一九三八年移民美國，卒於紐約。里茨勒的日記於其身後出版，成為有關一戰的重要史料，但其真實性頗受爭議。

12 瑞典和瑞士都是永久中立國。

即使在德皇威廉二世時代，當「泛德意志派」[13]熱衷於德國的世界霸主地位之際，他們頂多也只想看見德國與其他的「世界霸權」並立。其心中所盼望的，就是倚仗德國於歐洲大陸的優勢地位，在亞洲和非洲建立大型的德意志殖民帝國，這與字面上的「征服世界」及「統治世界」不盡相同。

希特勒則不然，當他言及「統治世界」的時候，很顯然完全按照字義來解釋，雖然他幾乎不期待在自己有生之年能夠做出更甚於讓德國統治全歐的工作——此一工作也包括征服俄國，而且尤以征服俄國為主（希特勒對殖民地不怎麼感興趣）。不過他打算先把被征服的歐洲改建成「大日耳曼國」，並把其中的各個民族融入或轉換成一個人種等級體系，然後以之作為真正統治世界的跳板。

我們這個因為科技進步而縮小、因為大規模毀滅武器而備受威脅的世界，在相當程度內確有整合起來的必要，以致「統治世界」的構想於二十世紀再度盛極一時——「世界整合」、「世界政府」及「統治世界」之間具有密不可分的相互關係。希特勒的謬誤不在於將這個構想據為己有，而在於將德國視為「統治世界」的當然人選。他那個時代的德國固然毫無疑問是一個強權，並為歐洲最強大的國家，但它仍然只是列強之一，在嘗試同時成為歐洲及世界超強的時候，已經有過一次失敗的記錄。

歐洲必須先成功整合起來，然後統一的歐洲或許才得以在世界統治權之爭占得一席之地——但歐洲不應透過侵略戰爭或征服戰爭來完成統一，同時德國必須融為歐洲的一部分。只可惜歐洲的統一意味著「猶太國際主義」！於是希特勒不此之圖，反而相信可以憑藉一個講求種族主義的大德意志國，並以人種政策和反猶太主義作為奧援，獨力完成統治世界的工作。這是一個非常原始的謬誤。縱使德國有辦法藉由牲畜養殖式的「改良人種水準」，來完成生物上的武裝——姑且不論其所將造成的種種問題[14]——這個工作也需要好幾代人的時間。然而希特勒卻想在有生之年，完成自己所策劃的一切工作。至於反猶太主義方面，希特勒不但對猶太人的認知並不正確，甚至在反猶太主義上面也出現了謬誤。

13 泛德意志派為德意志種族主義的擁護者，出現於一八九〇年代，亦稱「泛德意志聯盟」。該聯盟除要求強化德意志民族意識之外，並以帝國主義為標的，主張擴大德國的「生存空間」和在國外的影響力——對外殖民與建立強大艦隊。此派人士於一戰時鼓吹併吞政策，欲藉此建立德國在歐洲、近東及非洲的霸權；於帝國解體之後則秉持反對威瑪共和及抗拒「異族影響」的立場，具濃厚的反猶太色彩。「泛德意志聯盟」自一九二九年起與納粹結盟，於希特勒上台之初受到容忍，最後於一九三九年解散。

14 金髮及藍眼均為遺傳學上的隱性基因，大多數德國人並非金髮藍眼。納粹的人種政策卻擬刻意培殖出金髮藍眼的「北歐人種」，此將意謂集隱性基因於一身，產生類似近親繁殖的惡劣後果。德國即有論者認為，若「第三帝國」繼續存在的話，其「優生政策」將適得其反畜養出一個「三B人種」——金髮（blond）、藍眼（blauäugig）、殘障（behindert）。

不論從前文所引述希特勒對外公開宣示的書面意見，或者依據他戰時私下發表的言論，在在都表現出希特勒確實相信，他的反猶太主義可在全球為德國的志業爭取到同情，並在某種程度內將德國的志業轉換為全人類共同努力的方向。希特勒的出發點是全球各地都有反猶太主義。然而其「滅絕性反猶太主義」卻只存在於東歐，而且他的反猶太主義即得自於當地。但即使在東歐——我們必須為烏克蘭人、波蘭人和立陶宛人講幾句公道話——反猶太主義亦非基於希特勒式的狂想，以為猶太人正在全球密謀不軌，以便把雅利安人變成奴隸或加以滅絕。東歐的反猶太主義乃基於一個單純的事實，即猶太人在當地是一個緊密群居在一起的外來民族。他們在其他地區都沒有這麼做，於是其餘各地的反猶太主義均未以消滅或「移除」猶太人為宗旨。

反猶太主義在其他地區大多具有宗教色彩。特別是天主教會直到「第二次梵諦岡大公會議」[15]以前，一直將猶太人視為異教徒而公開加以打擊。這種「宗教性反猶太主義」流傳更廣，目的不在於消滅猶太人，而是要改變他們的信仰。只要猶太人願意領洗，那麼一切都不再是問題了。

除此之外，主要在鄉間地區另有「社會性反猶太主義」：猶太人因為放高利貸而受到憎惡——在猶太人獲得解放以前的時代，那幾乎是他們唯一獲准從事的行業。但看起來矛盾的地方是，這種「社會性反猶太主義」基本上正著眼於解放猶太人。一旦猶太人不再以貸款業者的身分出現，這種形式的反猶太主義也就隨之消失。比方說，一些例外出現的猶太醫生始終享有崇高地位，並且經常有人上門求診。

最後還有一種新型的，出現於解放猶太人之後的反猶太主義。我們可稱之為「競爭性反猶太主義」。自從猶太人獲得解放以後，他們大約從十九世紀中葉開始，一則因為天賦，再加上其無可否認的團結一致，於是在許多國家的不少領域內取得了醒目的領導地位。他們固然在所有的文化範疇內如此，在醫藥、法律、新聞、工業、金融、科學和政治等方面也不例外。他們縱使無法證明自己是「地上的鹽」，[16]卻在許多國家享有如同「湯裡面的鹽」那般不可或缺的地位。他們成為精英分子，在威瑪共和時代（至少在威瑪共和時代的柏林），他們甚至構成了第二個貴族階層。在這種情況下，他們不僅實至名歸受到敬佩，更招來了嫉妒和敵意。出於嫉妒和敵意而成為反猶太主義者的人士，巴不得對猶太人「曉以顏色」，希望他們不再那麼容易出頭。可是要把他們滅絕掉？——天哪，萬萬不可！希特勒那種形式特殊、具有謀殺性的猶太妄想症

15「第二次梵諦岡大公會議」召開於一九六二年十月至一九六五年十二月之間，旨在針對現狀修正教條，促進宗教自由及所有不同宗教間的對話。

16「地上的鹽」見《新約聖經》〈馬太福音〉(5:13)——「你們是地上的鹽」。「地上的鹽」除可防止地面腐敗之外，亦相對應於「你們是世上的光」(5:14)。

以及對猶太人之仇恨，甚至讓世界各國的反猶太主義者大不以為然；起初——當凡事還停留在口頭發洩階段的時候——他們只是猛搖其頭，等到後來希持勒採取了實際行動，他們更是為之驚駭不已。因為即使在最典型的反猶太主義者當中，也只有極少數人認同希特勒所散播的有關猶太人之奇談謬論。現在我們就對此進行簡短的批駁。簡短，那是因為當我們在前面按照原樣把那些論點呈現出來的時候，它們其實早已不辯自破。

不管希特勒再怎麼宣稱「猶太人不是宗教共同體」，人人都看得出來實情剛好相反。猶太教宛如一塊矗立於世人眼前的巨大磐石，令人無法視而不見。它是最早出現以及最純淨的一神論宗教。只有它勇於以不打折扣和未加矯飾的方式，把一個精深的思想體系貫徹到底，信奉獨一無二、無以名之、不具形象、難以掌握和神秘莫測的上帝。而且似乎唯有這個宗教力足以讓信徒在將近一千九百年的期間內，歷經流散四方和重複出現的追捕迫害之後，仍能聚合為一個信仰共同體。希特勒沒有看出這一點，他很可能是在完全誠實的情形下未見於此。其中的原因是，他雖然習慣把「天意」和「全知全能的天主」掛在嘴上，可是他不但缺乏宗教信仰，還少了一個心靈上的器官，以致無法體會宗教對其他人所產生的意義。他跟基督教會打交道的方式，就已經清楚地顯示出這一點。

換個角度來看，猶太人很顯然並非單一人種。即使把「人種」這個概念拿來涵蓋各個不同的白種民族和族群，猶太人仍然稱不上是單一人種。例如今日的以色列就是一個色彩鮮明的多人種國家，任何前往該國旅遊之人僅憑目視即可確認此一事實。其原因顯而易見：猶太教向來是一個以傳教為己任、勸人改變信仰的宗教。古羅馬帝國之內的各個白種民族、部落及族群，在帝國晚期皆有人成為猶太人，縱使其總人數少於當時改信基督教義的人；許多世紀以來，猶太教與基督教在傳教時就處於競爭的狀態。甚至還有少數猶太人屬於黑色或黃色人種。阿圖爾·柯斯特勒[17]即曾於不久之前宣稱，受希特勒茶毒最深的東歐猶太人，很可能大多根本就不是閃米族人，而為哈扎爾人[18]的後裔——哈扎爾人是突厥種的民族，起初棲息於窩瓦河與高加索山之間，他們在中世

17 阿圖爾·柯斯特勒（Arthur Koestler, 1905-1983）乃出生於匈牙利、母語為德語的著名猶太作家，曾在維也納大學研習科學與心理學。柯斯特勒早年為錫安主義者及共產黨員，曾遍遊巴勒斯坦及蘇聯，二戰時加入英軍並成為英國公民，一九八三年於倫敦自殺。科斯特勒於一九七六年出版《第十三個部落》（*The Thirteenth Tribe: The Khazar Empire and Its Heritage*）一書，宣稱中歐及東歐的猶太人實為哈扎爾人之後代。

18 哈扎爾人應與西突厥有關，中國古代稱之為「可薩人」。哈扎爾人原居中亞，七世紀初出現於東歐，建立橫跨裡海、黑海及窩瓦河中游的大汗國。哈扎爾人約於西元七四〇年前後集體改信猶太教，十一世紀為「基輔羅斯」所滅，十三世紀後完全消失。

紀信奉猶太教，最後播遷到西方和西北方。（就此而言，「反猶太主義」[19]一詞其實很不精確，不過既然它已經成為約定俗成的用語，我們就繼續加以使用。）

猶太人可以被稱作是一個民族或國族嗎？這是眾說紛紜的事情。但毫無疑問的是，他們缺乏可用於確認民族身分的工具——共同的語言。英國猶太人說的是英語、法國猶太人講法語、德國猶太人講德語，依此可以類推。可以確定的是，許多猶太人（其實是大多數猶太人）自從獲得平等的公民權利之後，分別成為自己祖國的傑出愛國者。有時他們更成為超級愛國者，而且這偏偏發生於德國！儘管如此，猶太人之間仍然存有一種超越國界的共同歸屬感和團結心。時至今日，這種猶太民族情感或國家認同感益發明顯，演成猶太人普遍認同以色列的現象。這種情形令人無法視而不見，而且不難理解：對於那些長時間無法擁有自己國家的民族而言，宗教往往也成為國族的凝結劑。例如波蘭人與愛爾蘭人所信奉的天主教，除了產生宗教上的意義之外，也很明顯地構成其民族要素。猶太人亡國的時間遠較波蘭人和愛爾蘭人為長，來自於宗教的民族凝聚力和國族創造力，便產生了更加強大的效果。而猶太人經常遭受的追捕迫害，使得他們更進一步緊密凝聚在一起。即使對摒棄猶太宗教信仰的人士來說，這種源於宗教（和迫害）的凝聚力起先仍發揮了很大的作用。在其他宗教的信仰者身上也可以觀察到同樣的現象，例如放棄了新教或天主教信仰的人，其思維方式仍與新教徒或天主教徒並無太大差異。他們的精神習性繼續受到其父祖輩所信仰的宗教影響，往往過了好幾代人以後依然如此。像猶太教這樣強勢的宗教，它在完全對棄教者失去影響以前，甚至可以產生更久遠的影響。

但這一切均不足以構成反猶太的理由，更遑論對猶太人產生謀殺性的恨意，以及用滅絕性的手段來加以迫害。然而這正是希特勒自始就對他們採取的立場。希特勒對猶太人這種特殊的仇恨，只能判定為臨床的病理現象。希特勒試著用於攻詰的理由——猶太人在全球圖謀不軌，打算滅絕雅利安人——看得出來是事後才添加進來的。那不但是明顯的謬誤，更是偏執的妄想。其情況甚至尤有過之，實際上是以虛構的說辭將預先策劃好的蓄意謀殺合理化。反正那一套東西從頭到尾都不正確。「國際猶太集團」非但不具有希特勒歸罪於他們的邪惡目標，甚至根本就缺乏共同的目標。

完全相反的是，他們剛好在希特勒的時代離心離德，各自具有截然不同的傾向，因而處於其三千年歷史上前所未見的四分五裂狀態：其間有傳統虔誠信仰與現代政教分離之間的分歧、民族同化與錫安主義之間的分歧、國家主義與國際主義之間的分歧。

19 反猶太主義原意為「反閃米主義」（Antisemitism）。「閃米人」同時包括了猶太人與阿拉伯人，因此某些巴勒斯坦人援引柯斯特勒「許多猶太人非閃米人」之理論，反而將猶太人斥為「反閃米主義者」。

更何況自從猶太人得到解放、獲得公民權利之後，他們採取跟從前截然不同的方式參與世事，於是各大政黨與世界陣營之間的分歧，也在猶太人中間製造出裂痕。他們大多數人甚至在一個世紀或半個世紀以前，出於自願而開始透過被同化、改變信仰和通婚等方式，放棄原先的認同感並融入自己所處的國家。這樣的情況在德國更是充滿信心與熱忱，凌駕於其他國家之上——不過當然仍有某些猶太人對此做出了激烈的抗拒。簡而言之，希特勒眼中既強大又邪惡的叛亂集團，在大難臨頭之際其實是一個充滿危機的團體，不但陷入了前所未有的軟弱狀態，甚至已經多方面處於解體邊緣。眾所周知的是，他們就像羔羊一般地走上了屠宰台，而所謂的「屠龍者」卻謀殺了毫無抵抗能力之人。

第5章

過失
Fehler

一九四一年十二月六日，寒冬的降臨讓德軍在莫斯科城外首度慘遭敗績。十二月十一日，希特勒向美國宣戰。這是最嚴重的過失，也是最難以解釋的過失。那看起來就彷彿希特勒已經明白，閃電戰受到頓挫之後使他喪失了擊敗俄國的機會，於是從中得出一項結論：那麼倒不如迎接戰敗，並且要失敗得徹頭徹尾和災難性十足。因為希特勒不可能看不出來，如果他除了無法被擊敗的英國和俄國之外，又與當時已是全球第一強權的美國為敵，勢必將難逃戰敗的後果。

研究希特勒所犯過失的時候，會面臨兩個擋在路中間的障礙。其中之一與我們探討希特勒的謬誤時所遭遇的情況相同，即容易不分青紅皂白，立刻把希特勒的想法一概斥為荒誕不經，只不過因為他曾經如此想過；與之相呼應的傾向就是全盤否定希特勒的所做所為，只不過因為他做過那些事情。這種態度不難理解，可是先入為主之見對於認清真相和做出判斷當然並無助益。

另外一個障礙來自於今日歷史研究的主流趨勢，希望在最大可能範圍內將歷史撰述精確科學化。也就是說，想找出其中的法則，並將主要注意力集中在社會與經濟的發展上面——因為在這些地方比較容易有法則可循。相形之下，歷史之中實際政治因素所扮演的角色則被貶抑；塑造政局的個別人物（也就是「偉人」）對歷史進程所產生之影響，更簡直完全遭到了否定。希特勒當然與此主流趨勢扞格不入，而且這個流派的支持者認為，有水準的歷史學家對以下的課題根本不屑一顧，那就是要他們探討某個單獨人物於從政十五年的過程中，做出了哪些正確和錯誤的事情；同時他們還必須盡可能探索其人格特質，更何況研究主題就是像希特勒那般性格乏味的人物。這一切都只不過是「老掉牙的玩意兒」！

不過也可以有人持相反意見，認為像希特勒那樣的現象正好供作證明，顯示上述的整體歷史研究方向並不腳踏實地。與此相似的反證還有列寧和毛澤東等現象，但二人的直接影響範圍畢竟局限於自己的國家。希特勒卻把全世界推上了一個新的方向，只不過那個新方向違反了他的原意。這使得希特勒的案例變得尤其複雜和特別有趣。

有水準的歷史學家不可能宣稱，即使沒有希特勒，二十世紀的世界歷史仍然會出現相同的發展過程。沒有人能夠確定，若無希特勒的話，第二次世界大戰是否仍有爆發的可能。但完全可以確定的是，假如那場仗還是打了起來，戰爭的經過必然很不一樣，甚至可能連同盟關係、戰場位置及最終結局也都大不相同。不論我們喜歡與否，今天的世界就是希特勒製造出來的結果。沒有希特勒就不會有德國與歐洲的分裂；沒有希特勒就不會有美軍及俄軍駐紮於柏林；沒有希特勒就不會有以色列；沒有希特勒就不會形成去殖民化——至少它不會發展得如此快速——也就不會出現亞洲、阿拉伯世界與黑色非洲的解放，也不會有歐洲的去階級化。說得更精確一點：若無希特勒的過失就不會出現以上的情況，因為這些完全不是他所想要的結果。

我們必須花費許多工夫回顧歷史——或許有必要一直回溯到亞歷山大大帝——才找得到有人能夠像希特勒那樣，在低於平均值的短暫生命中，為世界帶來了如此徹底而持久的改變。不過在整部世界歷史當中，怎麼樣都很難找到有任何人採取了與希特勒相同的方式，以無可比擬的劇烈行動，做出了與既定目標截然相反的結果。

希特勒意圖讓德國在歐洲取得霸主地位，並直接統治俄國。除此之外，他也想維持歐洲對非洲、大部分的亞洲及大洋洲之統治權。他打算建立一個權力金字塔：最底層為歐洲傳統的海外殖民地與德國的新殖民地——俄國；其餘的歐洲國家組成中層結構，它們又可劃分為與德國平起平坐的國家、擔任助手的民族、衛星國以及表面上獨立或半獨立的盟邦；位於金字塔最頂端的就是德國。這個受德國支配的巨大權力結構日後將立於不敗之地，對美國和日本進行世界統治權的爭奪戰。

希特勒所製造出來的狀態，卻是美國稱霸西歐、俄國稱霸東歐、德國一分為二，以及所有歐洲殖民帝國的解體。世界上出現了兩個權力核心；從前的歐洲殖民地突然得到獨立，或多或少享有化外之民般的自由；歐洲卻在另一種金字塔結構裡面位於兩大超級強國之下。德國起初完全喪失國家地位，位於該結構最底層的地窖，直到過了幾年甚至幾十年之後才得以向上攀升。但那也不過是在分裂和被占領的情況下，加入了或依附於美國或依附於俄國的盟邦體系。其餘的歐洲國家則個別在其中找到自己的位置。

換句話說，希特勒並未達成任何目標，反而是（這至少是他辦到的地方）製造了駭人聽聞的結果。歷史上知名的「大人物」難得有誰像他那樣，以令人瞠目結舌的衝擊力完全撲了個空。但我們不可因此而否認他所產生的巨大效果；同樣不能否認的是，他曾於一九三八年秋和一九四〇年夏，已經有兩次非常接近自己的真正目標了。由此可以看得出來，我們挑出希特勒所犯下的過失、解釋他如何因此把已經到手一半的東西弄得完全走樣，並非閒來無事的遊戲之作，反而是極為嚴肅的歷史觀察。何況我們也不是出於病態的好奇心理，才會同時研究他性格上的特質：希特勒所犯下的過失，大多即根源於其個人的缺陷。

希特勒的過失當然也有一部分來自於他的謬誤。而各種過失之中，至少有一個出現得最早，於一九三三年即已開始發揮作用，使得「綱領家」希特勒預先確定了「政治家」希特勒的發展方向。

我們曾在前一章看見，希特勒關於世界歷史事件的理論，出現了兩條涇渭分明的平行發展路線：其中之一是各民族的永恆奮鬥——說得更精確一點：在此指的是各個白種民族，希特勒根本就沒有把有色人種放在眼裡——所爭奪的是生存空間、統治或征服，而一個民族所能獲得的最高戰利品就是世界的統治權。在另一方面則是所有白種民族共同對猶太人進行鬥爭。於是希特勒這位政治人物自始即追尋兩個截然不同的目標：一方面是德國對歐洲的統治權；另一方面則為「移除」猶太人，也就是要加以滅絕。這兩個目標互不相涉，甚至彼此之間產生了干擾。

政治上的大忌，就是同時追尋兩個主要目標。而更糟糕的情況是，當同時追尋不同主要目標之際，光是第一個目標就已經牽連甚廣，縱使繃緊了全部力量，仍然需要很大的運氣才有辦法加以實現。截至目前為止，以統治歐洲為己任者沒有一個不鎩羽而歸。卡爾五世[1]和菲利普二世[2]如此，路易十四和拿破崙亦然。這或許不足以構成理由，把任何重新進行的嘗試斥為一開始就注定失敗。至少像德國在二十世紀的時候，就曾經有過機會來完成西班牙失敗於十六世紀，以及法國失敗於十七和十九世紀的工作。不過有鑑於這個工作必將招致激烈抵抗，我們仍有理由表示：除非萬不得已，否則沒有必要在不相干之處增添額外的阻力。一個有意征服歐洲的人，不難事先料想得到將因此在歐洲製造出多少敵人，那麼他就更不應該四下樹敵，更何況是把全世界（以及自己國內）的強大對手也一併招惹進來。這是希特勒的過失，尤其他恣意製造出來的額外敵人——猶太人——從前原本是最好的朋友，希特勒卻把他們變成了死敵。

此處的關鍵，不在於各國猶太人對本國政策產生了多麼重大的影響。希特勒或許高估了他們的影響力，可是這其實反而使他多出一個理由，應該將猶太人留在自己這邊，而非無緣無故把他們驅趕至敵方的陣營。真正的關鍵是，直到希特勒登場以前，猶太人對世界的影響力是一個非常有利於德國的因素。第一次世界大戰與德國為敵的一方，對此皆有切身之痛。在美國，猶太人的影響力於很長時間內，明顯阻撓了該國加入協約國作戰。在俄國，他們是德國成功策動的帝俄革命中重要的角色。因此，希特勒的反猶太主義不僅多此一舉，在全世界製造出額外敵人，他更化友為敵，把天平上原本位於德國一方的重量推向敵方，造成了加倍的傷害。

希特勒以其反猶太主義，一開始就自己扯了德國的後腿，但此舉所造成的影響也一直受到低估。儘管這種反猶太主義最初的表達方式，僅為不斷對德國猶太人進行侮辱、詆毀和歧視，仍無法讓人看出其最終的殘暴形式，不過光是侮辱即完全足以使朋友變成仇敵。德國猶太人在希特勒出現之前，絕大多數都鍾情於德國——令人動容的是，其中有少數人甚至在他上台後仍然無視於他的存在，繼續熱愛德國。

1 卡爾五世即「查理五世」（1500-1558），出身自哈布斯堡家族，為卡斯提爾國王菲利普一世之子，一五一六年登基為西班牙國王（卡洛斯一世），推動西班牙的海外殖民，建立了「日不落國」。彼於一五一九至五六年之間亦出任神聖羅馬帝國皇帝（卡爾五世），同時統轄了從匈牙利至法國東部和尼德蘭、從德境北部至西西里島之間的廣大疆域。卡爾五世以查理曼大帝的後繼者自居，曾多次與法國及土耳其交戰，並連年與德境信奉新教的諸侯進行宗教戰爭，因戰事失利而於一五五六年退位。此後民族國家的概念逐漸取代了歐洲大一統的思想。

2 菲利普二世（1527-1598）為卡爾五世之子及西班牙國王（1556-1598），獲得其父在西班牙、尼德蘭、義大利的領土及美洲殖民地，一五八〇年並取得葡萄牙王位，使西班牙國勢臻於頂點。菲利普以遏阻新教為己任，即位前曾與信奉天主教的英國女王瑪莉一世成婚，結果造成英國新教再起。他在尼德蘭的高壓政策造成新教徒起事，導致荷蘭獨立和「八十年戰爭」。他在一五八八年派出「無敵艦隊」討伐英國，反而促成英國此後成為全球海上霸主。

猶太人自從獲得解放以來，在所有的西方國家都成為優秀的愛國者。可是沒有任何地方的猶太人愛國主義，能夠像在德國那樣具有既熱烈又深厚的情緒化色彩。這可以被稱作猶太人對德國的戀愛關係。此事發生於希特勒上台之前的半個世紀內。耶爾格·馮·烏特曼[3]即曾於《化身者，你這蒼白的伴侶》一書中，[4]首度深入探討了這種特殊的猶太—德國愛戀情結。可以確定的是，猶太人乃陷入愛河之一方；德國人則受寵若驚，為了受到猶太同胞崇拜而沾沾自喜——假如他們未覺得對方「死皮賴臉」而避之唯恐不及的話。無論如何，這種猶太人與德國人互通款曲的關係，在文化領域內綻放出絢麗的花朵。我們只需想想薩姆埃爾·費雪和他的作家群，[5]或者馬克斯·萊因哈特和他的演員[6]即可明瞭此點。至少德國猶太人的傑出表現，共同促成德國在二十世紀的前三分之一，於知識界、文化界、科學界及財經界首度明顯取代了英國與法國的地位。

這在一九三三年立即成為過去。希特勒使得大多數德國猶太人於受辱之後由愛生恨。而且除了德國猶太人之外，他更將一些忠於猶太朋友的德國人變成了仇敵——他們固然居於少數，但剛好也不是最差勁的德國人。那些不斷在德國對希特勒浪潮進行消極抵抗的人士，大多正是因其反猶太主義而出現的。這個於默默之中不願同流合污的少數派從未消失，至於他們究竟對希特勒造成了多大傷害，那當然是難以估計的事情。比方說，希特勒可以不在乎德國文學界有頭有臉的人士幾已全數移居國外。但是這個看似無足輕重的事件，仍足以使希特勒的德國一開始就在國際間名譽掃地。希特勒的反猶太主義為德國科學界帶來的大失血，則造成了更加嚴重的後果。除了以愛因

3 耶爾格・馮・烏特曼（Jörg von Uthmann）曾擔任西德外交部外館人員，先後任職於特拉維夫、紐約等地，一九八五年起成為《法蘭克福通論報》（*FAZ*）駐紐約特約撰稿。

4 該書出版於一九七六年，全名為《化身者，你這蒼白的伴侶：論德國—猶太關係之病理學》（*Doppelgänger, du bleicher Geselle: Zur Pathologie des deutsch-jüdischen Verhältnisses*）。其大義為：德國人與猶太人具有共生關係，而且兩個族群在本質上呈現難得一見的相似性，以致二者之間形成特別強烈的愛恨情仇，納粹的反猶太主義即源出於此。書名引自德國猶太詩人海涅的詩作《化身者》（*Der Doppelgänger*）——描述一名男子深夜立於死寂的小巷，向上凝視其愛人已人去樓空的房舍。此際月光映照出他的身影，當他望見「另外一個人」的面龐時，心生畏意問道：「你，化身者，你這蒼白的伴侶：為何模仿我的愛情痛苦？」（此詩作亦由舒伯特譜曲，收於《天鵝之歌》。）

5 薩姆埃爾・費雪（Samuel Fischer, 1859-1934）為出生於匈牙利的猶太書商，一八八六年在柏林創辦「費雪出版社」（S. Fischer Verlag），成為德國出版業巨擘。湯瑪斯・曼及赫曼・赫塞等知名作家初入文壇時皆曾受其獎掖，當時德國文壇新秀一致的願望就是在「費雪出版社」出書。費雪於一九三四年逝世於柏林，其出版社則深受納粹政權打擊。

6 馬克斯・萊因哈特（Max Reinhardt, 1873-1943）為猶太裔奧地利演員及戲劇導演，自一九〇五年起擔任柏林「德意志劇院」負責人，結合布景、語言、音樂與舞蹈，將德國戲劇帶入嶄新境界。萊因哈特並於一九二〇年與李查・史特勞斯（Richard Strauss, 1864-1949）和雨果・馮・霍夫曼斯塔爾（Hugo von Hoffmannsthal, 1874-1929）共同創立「薩爾茲堡音樂節」。萊因哈特於納粹上台後移居國外，一九四三年卒於紐約。

斯坦為首的猶太科學家移民出去以外，著名的非猶太裔科學家也相繼步上其猶太同僚或師長的後塵。過去有大批外國科學家前往德國朝聖，現在他們亦裹足不前。希特勒上台之前，全球的核能物理研究中心位於哥丁根，[7]一九三三年卻轉移到美國。我們不妨在此做出一個發人深思的臆測，假若沒有希特勒的反猶太主義，說不定是德國而非美國，會成為率先開發出原子彈的強權。

希特勒以其反猶太主義，一開始便為自己對權力的追逐投下一個不可知的變數。這毫無疑問是他所犯下的第一個嚴重過失，而且這個過失的嚴重性一再受到低估。不過，還需要加上其他的過失才造成了萬劫不復的狀況。

縱使希特勒的反猶太主義自始就傷害了德國的「志業」，卻仍然存在著一個不可否認的事實，那就是希特勒已經兩度非常接近自己的目標了：第一次是在一九三八年秋，當時他在英國和法國的完全同意之下，於東歐取得了霸主地位；第二次是在一九四〇年夏，當他擊敗法國並占領其他許多國家，幾乎將俄國以西的整個歐洲大陸臣服於其腳下的時候。這些現象使得我們有必要提出一個問題：德國對歐洲的統治，或凌駕於歐洲之上的霸權，是否本身就是烏托邦——也就是說，希特勒設立這個目標時，是否同樣一開始就犯下了錯誤？

如果今天還有別人提出這個問題，通常無須多加討論即可獲得肯定的答案。即使是今日聯邦德國的國民也不例外，尤其年輕一代的人更是如此，他們往往把自己的父祖輩當成精神病患看待，因為他們竟然設立過那樣的目標。至少首先可以確定的是：這些父親們和祖父們是一戰與二戰時期的兩代德國人，當時他們大多認為這個目標不但合理，而且是可以實現的；他們曾經為之如癡如狂，甚至有不少人為此而喪命。

以上的說明當然還沒有道出，此一目標是否有實現的可能，或者是否果真值得追尋？固然今天只有少數人願意對此做出肯定的答覆。但若回顧一九三八年秋與一九四○年夏的歐洲，並設身處地衡量一下當時的情況——尤其當我們看見歐洲的世界地位在「希特勒時代」開始之前與之後的鮮明對比——這種淒涼的景象難免令人心中若有所思：如果歐洲打算恢復之前在世界上的地位，是否確有統合起來的必要？這種統合是否可不借助武力加以實現？是否至少在草創的階段應該由歐洲最強大的國家來主導？而那個最強大的國家在當時不正就是德國嗎？總之，當時不只是德國人——那兩個世代的德國人——對上述問題做出了肯定的答覆。一九三八至四○年之間的發展更顯示出來，許多並非德裔的歐洲人固然心存保留，但在猶豫之下也對此加以同意。從一九

7 哥丁根位於德國中北部，是著名的大學城及世界百大名校之一的所在地，在二戰之前被譽為全球核能物理的「麥加」。

四五年以後的發展也看得出來，[8]他們當初的這種態度或許並非大錯特錯，尤其假如他們打交道的德國剛好不是希特勒德國的話。

希特勒若主宰了歐洲，毫無疑問將演成一場惡夢，那就彷彿希特勒統治之下的德國在許多方面正是惡夢一場：對猶太人的迫害、許多集中營、憲法的一團混亂、法制的解體以及文化上被強加進來的鄉土風格。不過我們除此之外也不可忽視一點，那就是進入二十世紀以後，十九世紀的歐洲權力均勢體系已經難以挽救。第一次世界大戰與隨後出現的和平規範已將之摧毀無遺。英國和法國幾經延宕，一直要等到一九三九年才三心二意試圖重建權力均勢。可是這個嘗試在一九四〇年已告落空。第二次世界大戰的考驗更已證明，二十世紀的歐洲只能在德國的霸權或美俄的霸權之間做一選擇。毫無疑問的是：有鑑於德國的霸權在希特勒手中的所作所為，美國的霸權相形之下是最能夠讓歐洲接受的選擇，甚至連俄國的霸權也略勝於此（雖然有些人會對這一點抱持不同看法）。在另一方面，假如德國的霸權統一了歐洲，美俄的霸權勢必被迫出面設法將其分裂。統一於德國霸權之下的歐洲，將得以在相當長的時間內繼續維持在亞洲及非洲的帝國主義霸權；由美俄分而治之的歐洲則一定會立刻失去在海外的霸權地位。

無怪乎希特勒一九三八年在東歐，以及一九四〇年——當他擊敗法國以後——在整個歐洲大陸，都發現了準備妥協和屈服的傾向。只不過當時歐洲渴望統合的程度，並不像十九世紀中葉德國人追求統一的態度那麼積極。一直要等到一九四五年以後，歐洲眼見大勢已去，才開始對統合產生了強烈的意願。儘管如此，一九三八至四〇年之間其實已經出現了向暴力讓步的準備，不惜屈服於強權之下以從中謀取最好的結果。無論在一九三八年還是在一九四〇年，這種態度至少與一種預感結合在一起：對歐洲而言，更高的統合性未嘗不是一件好事，即使為此所付出的代價（或許只是剛開始的時候而已），就是由德國獲得霸主地位也無妨。

令人記憶猶新的是，俾斯麥的普魯士如何先將一八六六年被擊敗的德意志諸邦整合起來，然後自己逐漸消融於統一的德國之內。那麼豈不可想而知，獲勝的德國也將逐漸融解於統一的歐洲之內，並逐步褪除其令人反感的色彩？這個值得期待的發展進程，說不定更可藉由做出讓步來加快速度？在一九四〇年的時候，此類的想法幾乎普遍盛行於所有的歐洲國家——在法國尤其如此——只不過後來不再有人想舊事重提而已。假如當時德國出現的人物是俾斯麥而非希特勒……？

8 意指二戰後的歐洲統合。本書出版時西歐已歷經「煤鋼同盟」（ECSC, 1951/52）、「歐洲經濟共同體」（EEC, 1957/58）和「歐洲共同體」（EC, 1965/67）等階段。本書一九九八年再版時，歐洲已組成「歐洲聯盟」（EU, 1993）並處於引進「歐元」（Euro, 1999/2002）前夕；當時德國的法蘭克福已成為歐洲經濟首都（「歐洲中央銀行」所在地）。

不過我們最好別做白日夢。德國有了希特勒，而且不管社會學派的歷史撰著持何看法，一切都唯希特勒馬首是瞻。在此情況下，將衍生出一個既統一又經過強化、即便起初是由德國來主宰的歐洲呢？抑或真實出現的局面將持續下去？「我是歐洲最後的機會」，此為希特勒一九四五年二月向博爾曼口述時所做的表示。這句話在某種意義上不無道理，只不過他其實應該再補上一句：「而且我摧毀了這個機會。」希特勒摧毀了那個機會，這是他繼此前第一個過失——將德國的歐洲政策與反猶太政策相結合——之後，所犯下的第二個嚴重過失。為了明白他如何及為何摧毀了那個機會（而且是摧毀了兩次），我們必須把他一九三八年秋與一九四〇年夏的政策稍加放大觀察。從中即可看出他雖然有過兩次機會，卻連續兩次對之視而不見或蓄意錯過。他連續兩次犯下了玩忽職守的過失，所造成的嚴重後果不下於他一九四一年更為醒目的過失——攻擊俄國並向美國宣戰。

現在先讓我們簡單回顧一下發生了什麼事情。

一九三八年三月，希特勒藉由合併奧地利將德國改造成「大德意志國」。同年九月簽訂了《慕尼黑協定》，這個大德意志國於是在英法兩國的同意下，進而合併由德國人所居住的波希米亞與摩拉維亞之邊緣地帶。[9]《慕尼黑協定》所產生的意義，遠遠超過了光是肢解捷克斯洛伐克而已（該國曾枉費心機，對自己與法國的盟約寄予厚望）。此國際協定實際上意味著英法兩國進行政治上的撤退，不但撤離歐洲東半部，並將直到俄國邊界為止的東歐承認為德國的勢力範圍。《慕尼黑協定》之後殘存下來的捷克斯洛伐克，從此成為希特勒的囊中物。波蘭與匈牙利兩國曾經得到希特勒允許，共同參加了掠奪捷克土地的行動，於是變成希特勒的盟友，而且是一個強國的弱小盟邦。羅馬尼亞和南斯拉夫之前已跟德國建立了緊密的經濟關係，可謂已經深深依附於德國，現在它們在政治上也不得不向之靠攏：二者與法國的盟約已在慕尼黑之後形同具文。保加利亞與土耳其原本就是德國於一戰時的老盟友，此後也就再度以德國為導向。

希特勒於是實現了自己年輕時代的第一個政治願景：用一個大德意志國來主宰繼承奧匈帝國的各個國家，並進一步掌控德奧與俄國之間的整個空間。這一切皆未曾以戰爭為手段，反而出自英國與法國的完全同意。俄國雖然對自己西疆出現的巨大權力集合體滿懷疑慮，卻只能於無助之下束手坐視。現在應當進行的工作，就是在這個新出現的大德意志東歐帝國建立秩序、為之提供理念，讓其中的各個民族有時間來適應新局。此外戰爭已經變得不再有必要，況且英國和法國默許這一切時的先決條件，正是不希望出現戰爭。英法兩國想在慕尼黑換取「我們這個時代的和平」。英國首相張伯

9 這個邊緣地帶即「蘇台德地區」。

倫從慕尼黑返國以後，即曾鄭重宣布——雖然事後證明此舉過於草率——已經實現了此一目標，因為當時他相信希特勒將在未來數年內忙於維護和平。德國在慕尼黑會議中，從張伯倫及其法國同僚達拉弟獲得了東歐的勢力範圍，若想把這個面積遼闊、民情複雜的地區好好組織整頓起來，除了需要政治手腕和敏銳的觸感之外，還需要兩樣東西：建設性的政治藝術（亦可稱之為「政治上的建築藝術」）以及耐心。

可是這兩樣東西偏偏都是希特勒所沒有的。我們已經在前面看見，他如何缺乏政治家所應具備的建設性特質。他甚至無法（或無意）為自己現有的國家訂出新的憲法秩序，更遑論是一個尚待建構的國家共同體！政治家為此所需的創意也是希特勒所缺乏的。說也奇怪的是，他對目前握於自己手中的不同國家與民族之命運同樣不感興趣。對希特勒而言，它們只是助手民族、原料的供應者與後續行動的攻擊發起地。

希特勒也沒有耐心來組織其新而龐大的國家——雖然這應該是傾畢生之力來進行的事業。他至遲從一九二五年開始就有了更加野心勃勃的目標：先採取預備動作將法國變得無害，然後動手征服和占領俄國，而且他就像我們所曾經看到的一樣，想在有生之年完成浮現於自己腦海中的一切目標。他已經剩下沒有多少時間。一九三九年四月時他已年屆五十，而且我們還記得前面引用過的說法：「我寧可現在就開戰，也不願意等到自己五十五或六十歲的時候。」其實他在一九三八年即已有意開戰——這個自白我們也已經在別的地方引述過了。《慕尼黑協定》不論對希特勒的朋友或敵人而言，無疑都是一個有如童話般令人難以置信的勝利。希特勒本人卻簡直將之視為敗績，因為一切都事與願違，以致他必須從英國和法國手中收下原本擬以武力奪取的東西，而且他損失了時間。於是他在一九三九年積極求戰，以彌補一九三八年從自己手中溜走的開戰機會：他以完全畫蛇添足的方式，出兵占領已無自衛能力、弱不禁風的殘餘捷克，並進一步加以分割，[10]藉此摧毀了《慕尼黑協定》所賴以存續的基礎。英法兩國於是與波蘭締結——或恢復——同盟關係。希特勒乃或多或少在「正因為如此」的情況下，對波蘭發動戰爭，用這個挑釁行動促成英法兩國宣戰。

但宣戰並不等同於開戰。[11]英法兩國在一九三九年的時候，無論物質上或心理上均未做好主動對德作戰的準備，只得任由希特勒向他們展開攻勢。後者早已做好對法作戰的準備，但對英作戰則令他措手不及。在希特勒的計劃當中，「毀滅」法國一向扮演了前奏曲的角色，接著才是對俄進行生存空間之戰的重頭大戲。無怪乎一九四〇年的

10 一九三八年九月三十日簽訂《慕尼黑協定》三週之後，希特勒已下令軍方做好開入捷克之準備。翌年三月十四日，斯洛伐克在希特勒支持下宣布獨立。德軍於二日後開入布拉格「粉碎殘餘捷克」，並將波希米亞和摩拉維亞變成「大德意志國」的「保護領地」。

11 希特勒在一九三九年九月一日入侵波蘭，英法於九月三日對德宣戰，但一九四〇年五月十日才開始交手。

法國戰役，正好也就是希特勒的最大功業。

英國卻被他視為盟友，否則至少也被設定為「友好中立者」。希特勒並沒有做好入侵英國，或在遠洋進行海戰及實施海上封鎖的準備。他怯於從事一個臨時拼湊出來的入侵英國行動——衡量英國在海上和空中所享有的優勢，這是非常正確的態度。恐怖轟炸卻只能被證明為相當拙劣的手段，非但無法屈服英國人的戰鬥意志，反而產生了相反效果。結果從一九四〇年夏天開始，希特勒本來無意進行的對英之戰，就在難分勝負之下變成他擺脫不掉的包袱。這是他一九三八、三九年之間的政策已出錯的第一個跡象。

可是不管怎麼樣，他已經擊敗法國，這使他在整個歐洲獲得了「勢不可當」的光環——更何況他已經完全軍事占領了歐陸西半部從北極圈直到庇里牛斯山脈之間的地帶。「慕尼黑會議」只讓他有機會在東歐擴大勢力，現在他卻得以在整個歐洲大陸建立「新秩序」，並持續維護德國在歐洲的霸主地位。這種情況不只是出現了而已，此後更顯得像是應運而生。既然現在戰爭已經開打，那麼在分出勝負以後理應簽訂和約，否則這場仗就等於白打了。更何況法國迫不及待想求和，該國新上台的某些政治人物進而願意建立盟約關係。他們以「合作」一詞來強調自己的結盟意願——這是一個可以無限上綱的概念。只要希特勒有意的話，他在一九四〇年夏天隨時可與法國媾和。假如和約的內容能夠寬大一點，那麼曾經被希特勒以武力相向的各個西歐小國，無疑也會渴望締結和約。

德國先與法國簽訂和約，然後盡可能與法國共同召開歐洲和平會議，從中應可衍生出某種形式的歐洲邦聯，至少也可以成為一個防衛共同體和經濟共同體。對於握有希特勒那種地位的德國政治人物而言，這一切在一九四〇年夏天都是伸手可及的事情。同時這很可能也是心理上瓦解英國鬥志、結束對英作戰的最有效手段。假如那些國家都跟希特勒簽訂了和約，而英國當初正是為了它們的緣故才向希特勒宣戰，那麼它又該為何而戰呢？假如出現了一個由各國簇擁於德國周圍的統一歐洲，英國豈不將對之束手無策？

但值得注意的是，一九四〇年六月至一九四一年六月的十二個月份裡面，有充分證據顯示希特勒未曾將這些可能性列入考慮或規劃之中。他甚至不加思索即將之棄如敝屣，而且他從來就沒有對此類政策動過念頭。出征法國獲勝之後，他提出和約的對象並非戰敗的法國，反而是未遭擊敗的英國。我們只需略加思考便可看出這是完全自相矛盾的做法。英國才剛剛宣戰、剛剛開始動員國力和徵召後備軍人，而該國在海上和空中的武力足以阻擋入侵行動，使之有恃無恐將動員工作進行到底。英國非但不認為失去了繼續作戰的理由，反而因為希特勒的侵略戰爭，以及挪威、丹麥、荷蘭、比利時和盧森堡等國遭到占領，更進一步強化了作戰的決心。英國為什麼應該締結和約呢？——願意求和的都是敗方，而非尚未戰敗的一方。

進行戰爭的目的，在於藉由軍事勝利迫使敵方產生和平意願。若無法善加利用這種和平意願，就等於白白錯過了軍事上的勝利。法國已經戰敗並願意求和，希特勒卻錯失對法獲勝的機會，反而向未遭擊敗、無意求和的英國提出和談建議，同時未曾就引起戰端的導火線向英國做出絲毫讓步。這個政治上的根本錯誤令人不解。同時他在擊敗法國之後，未能把握此一千載難逢的機會來統一歐洲，並以這種統一的方式讓德國的霸主地位比較容易被歐洲人接受。這使得他的過失更形嚴重。可是令人詫異的是，各種有關希特勒的撰述直到今天都難得提及這個巨大的錯誤。

當然，我們並不期待希特勒有辦法成為寬宏大量的勝利者，以及目光遠大、耐心十足的和平創造者。一九四五年一月三十日，他曾於最後一篇廣播電台演講中，把自己說成是一個「只曉得出擊、出擊、再出擊」的人物。他對自己性格的這種描述雖然自賣自誇，實際上卻是自我指責，或許其中還帶有誇大不實的成分。希特勒除了崇尚暴力之外，也可以非常奸詐狡猾，然而他從未領會克倫威爾一句充滿智慧的名言：「純粹透過武力占有的東西，是無人可以真正擁有的。」他不是和平的創造者，而且缺乏這方面的天賦。或許正是基於這個理由，才使得大多數有關希特勒及二戰的論述難得強調他如何在一九四〇年夏天錯過了那個大好機會。但這正是我們為何對一九四〇年夏天多加著墨的原因之一，想對希特勒的各種強處與弱點做出正確判斷，沒有比這一次更佳的機會：除了這一次以外，二者從未同時完全呈現出來。

希特勒雖然虛擲了機會，但那些機會也是他自己創造出來的。他毫無疑問已經證明，自己就是意志力、精力與高效率的化身。他發揮了自己所具備的各種不容輕忽的政治才能——尤其是一種毫不含糊、能夠嗅出對手潛藏弱點何在的直覺力，以及「冷若冰霜」利用那些弱點，並「快如閃電」做出行動的本事（「冷若冰霜」和「快如閃電」都是希特勒的口頭禪）。除此之外，他在這個歷史關鍵時刻，還證明了自己以難得一見的方式同時結合了政治與軍事上的才能。

然而他完全缺乏政治家所應具備的建設性願景，以致無力創造具有恆常性的事物。因此他未能與法國締結和約，那正好像此前他無法在國內制訂憲法一樣（對那個國家共同體而言，跟各國簽訂的和約與國內的憲法具有同等意義）。他怯於穩定和缺乏耐心的態度，也使得他無法善用上述的機會。而這兩種態度又與希特勒的自戀情結息息相關：他認為自己永不犯錯，並盲目信賴自己的「直觀能力」，無意創造出將對直觀能力造成束縛的體制；再加上他把自己看成「不可被取代」，於是務必要在有生之年實現自己的一切計劃——他不願耕耘任何需要花時間來生長的東西、不想把工作留給繼任者進行，甚至無意安排繼任者（奇怪的是，他只要一想到繼任者就覺得不舒服）。

這些性格上的弱點和稟賦上的缺陷影響所及，造成了嚴重的玩忽職守過失。與之齊頭並進，在一九四〇年導致錯失良機、帶來深遠影響的事項，還有「綱領家」希特勒於思想上的錯誤。我們已經在〈謬誤〉一章對此進行了探討。

對「政治思想家」希特勒而言，戰爭是常態，和平僅為例外狀況。他只看見了和平往往可被用於為戰爭做準備，卻沒有看出來，戰爭一貫的目的就是要為締結和約服務。對希特勒來說，一切政策之最終目的都是打贏戰爭而非贏得和平。他已經連續六年信誓旦旦強調和平，以便進行備戰工作。現在他終於有了戰爭，當然不能夠馬上放棄這個機會。他間或直截了當地表示：倘若他在擊敗波蘭和法國之後容許和平過渡時期出現，勢將難以讓德國「奮身而起」對俄國進行一場新的戰爭。

還有另外一個理由，使得希特勒未曾產生與法國締和的念頭。如同我們於前一章所讀到的，在他的政治思想當中，強者的勝利永遠意味著「弱者遭受毀滅或無條件自行屈服」。在《我的奮鬥》裡面就彷彿理所當然一般，針對法國使用了「毀滅」這個字眼。書中寫道：「我們無止無休與法國進行了乏善可陳的角力」，但它唯有在一種情況下才可產生意義：「大前提是，德國事實上只把消滅法國視為手段，以便本民族隨後終於得以在別的地方進行擴張。」希特勒於一九四〇年夏天仍然期待英國會做出讓步，自然不方便如同對付波蘭或翌年對付俄國那般，也對法國實施毀滅性的政策。可是除了消滅法國之外，希特勒顯然無法想像還可以有其他的戰爭目標。於是他不考慮與法國議和，雖然最有利的做法應該是簽訂一個用於消除前嫌、促進統一的和約。他從未放棄消滅法國的念頭，只不過延遲了執行的時間（或者至少是保留了那個可能性）。反正希特勒無意對此做出任何自我設限的行動。

希特勒的兩種特質——對穩定的畏怯和對綱領的固執——便以奇特的方式在此連結在一起，不過它們乍看之下顯得相互矛盾。二者合而為一以後，使他在相當大的程度內變得昧於現實。他既看不見出乎意料之外或不在計劃之內的各種機會，同時也對與綱領不合的各種危險視若無睹。這是他有異於史達林之處，雖然兩人除此之外具有許多相同的特質（其中也包括了我們將在下一章探討的殘酷性）。但就此而言，史達林對身旁的真實狀況隨時保持警覺，希特勒卻相信自己力足以移山倒海。

這一切現象在一九四〇年六月至一九四一年六月的一年之內最為明顯；當時希特勒就在自己一無所知的情況下，決定了自己的命運。他沒有看出來，凡是能夠獲得的東西早已全部到手。當時歐洲大陸簽訂和約的時機已經成熟，並且他必須讓英國迫於無奈而放棄戰鬥意志。可是這些都不是他感興趣的事情。基本上整個對英之戰讓他興趣缺缺：這場戰爭並未出現於其計劃之內，而且與「希特勒世界觀」格格不入。美國正在英國背後以威脅性的姿態逐步逼近，希特勒卻久久未曾正視這個事實。他只寄望於美國在軍備上的落後，以及該國內部干涉主義者與孤立主義者之間的紛爭。即使做出最壞的打算，美國也已經被日本牽制住了，更何況他在原本的行動計劃裡面並沒有把美國列入考慮。他計劃中的主要工作，是先對法國進行預備性的戰爭以掃除後顧之憂（雖然並未締結和約正式結束這場戰爭，但此項目已可勾除），然後就是大規模的主要戰爭，亦即對俄進行「生存空間之戰」。

希特勒幾經猶豫之後決定對英作戰，雖然按照他原來的規劃，英國在德俄戰爭中被指定的角色並非敵人，而為盟邦或者是友好中立的旁觀者。違反其原定綱領的對英戰事陷入僵局之後，俄國反而成為打破海上封鎖的原料與食糧供應者，非但變得不可或缺，還表現得忠心耿耿。[12]希特勒卻基於其他考量而蔑視後者，認為俄國被征服以後，可成為比友好中立國更加牢靠的原料與食糧供應者。關於英國方面，他用來說服自己的論點是，一旦英國再也無法期待俄國可成為未來盟友的話，將因為大勢已去而放棄作戰。只不過他沒有認識到，英國並未對俄國產生這種期待——英國寄予厚望的未來盟友顯然是美國而非俄國。

我們無須認真看待希特勒把行為合理化的那種說辭。他進攻俄國並非出於對英之戰仍懸而未決，而是因為罔顧於此。戰爭的導火線亦非一九四〇年下半年德俄之間的磨擦——此事已於一九四一年夏獲得排解。真正的原因就是，俄國在希特勒心中的地圖上面一直被標示為德國的生存空間；而且按照希特勒自己的時間表，戰勝法國以後就是上演這場征服戰重頭戲的時刻。希特勒在一九四〇年七月已向其將領透露這個意圖，接著在一九四〇年十二月十八日對此做出決議，最後於一九四一年六月二十二日付諸實際行動。

今天每個人都看得出來，希特勒未受挑釁即入侵俄國是一個過失，而且是決定了戰爭最後結果的錯誤。剩下來的問題頂多只是，當時是否也有人看出了這個過失？俄國在一九四一年時普遍受到低估，即使英美的參謀本部也認為俄國不日即將戰敗。該國於一九三九年對芬蘭進行冬季戰爭時的差勁表現，也為這種觀點提供了若干論據。至於一九四一年戰役初期德軍令人印象深刻的快速推進，似乎更證實了希特勒對俄國防衛力的低度評價。假如希特勒採取了不同的戰略，是否就可以攻占莫斯科，至今依然眾說紛紜。不過無論如何，那個目標距離實現已經不遠了。

但有鑑於俄國巨大的人力資源和土地面積，縱使奪下了莫斯科也不足以結束戰爭，一九四一年時的情況與一八一二年並沒有兩樣。既然俄國的人力資源與土地面積十分

12 希勒特突襲蘇聯之前幾個小時，蘇方仍準時開出了向納粹德國運送戰略物資的火車。

巨大，究竟該怎麼做才有辦法結束對該國的戰事呢？今天我們曉得，希特勒從未認真考慮過那個問題，這是令人大惑不解之處。如同此前對待法國的方式一樣，他未曾顧及軍事勝利以外的事宜。依據其作戰計劃，德軍即使取得軍事勝利以後，起初也只不過是挺進至阿爾漢蓋爾斯克[13]與阿斯特拉罕[14]之間的戰線而已。也就是說，東戰場縱使在此情況下也將繼續維持一條漫長的前線——對英國的戰爭仍方興未艾，對美國的戰爭已迫在眉睫。

即使在當時，繼續對英國作戰和鎮壓已被征服、但不平靜的歐洲大陸等工作，共計牽制了德方四分之一的陸軍、三分之一的空軍、全部的海軍以及相關的工業產能。西線未了的戰事更對東線的戰爭造成嚴酷的時間壓力：英國於開戰之初雖然在軍備上落後德國許多年，不過實力已在持續增長之中，而美國更是不在話下；兩國至遲將於二至三年內在歐洲採取攻勢。這些因素足以令任何負責任的國家領導人考慮再三，不敢在一九四一年的情況下對俄輕啟戰端，況且此一軍事行動並無迫切的必要性。

可是希特勒僅僅對自己負責，而且自從他在《我的奮鬥》妄下斷語以後，其直觀能力十五年來就在不加修改和未經檢視之下向他表示，「東方的巨大國度」已經「崩潰在望」。他盲目地相信了那種看法，甚至沒有為德國陸軍準備冬季所需的裝備；而且他是如此地自信，以致認為六月二十二日展開的軍事行動於冬季來臨之前即可結束。[15]如同人人所曉得的，戰況的發展恰恰相反，寒冬的降臨讓德軍在莫斯科城外首度慘遭敗績。「國防軍總部指揮中心」曾於《作戰日誌》中對此記載如下：「一九四一、四二年之交的災難爆發以後，元首……認識到，從這個轉捩點開始……已經再也無法獲得勝利。」那天的日期是一九四一年十二月六日。到了十二月十一日，希特勒也向美國宣戰。

這是最嚴重的過失，而且正因為錯誤得一目了然，它在一九四一年導致希特勒自掘墳墓的各種過失之中，又成為最難以解釋的事項。那看起來就彷彿希特勒已經明白，閃電戰受到頓挫之後使他喪失了擊敗俄國的機會，於是他從中得出一項結論：那麼倒不如迎接戰敗，並且要失敗得徹頭徹尾和災難性十足。因為希特勒不可能看不出來，如果他除了無法被擊敗的英國和俄國之外，又與當時已為全球第一強權的美國為敵，

13 阿爾漢蓋爾斯克為俄國西北部白海沿岸的港口城市，位置接近北極圈。
14 阿斯特拉罕位於裡海北側窩瓦河的河口附近。
15 譯者曾在德國經歷了十個冬季、在俄國經歷了七個冬季，俄國的冬天遠較德國凜冽！因為希特勒的過於自信，德方在一九四一年冬甚至穿著秋季服裝與俄軍作戰。曾有德軍於戰後回憶道：「他們的軍裝雖然不像我們的那麼好看，可是真的很暖！」至於俄國的冬季——以莫斯科為例——開始下雪的時間是十月中下旬，一直下到四月底前後。

勢將難逃戰敗的後果。

直到今天都還沒有出現合情合理的講法，能夠解釋希特勒那個讓人覺得「精神錯亂」的舉動。我們不妨設想一下：對美宣戰實際上純粹等於邀請美國過來對德進行單方面的戰爭。因為希特勒並未擁有可讓德國對美展開攻勢的工具，而且他缺乏長程轟炸機，即使想對美國造成一、兩次有如針刺般的小傷害也無計可施。於是希特勒所提出的參戰邀請，幫了美國總統羅斯福一個大忙。

自從一年多以來，羅斯福支持英國的態度已經日趨明顯，最後甚至在大西洋上公開採取戰鬥行動，意圖挑動希特勒憤而反擊。在希特勒所有的對手當中，無疑只有羅斯福真正想要那場戰爭，因為他覺得此仗非打不可。不過他因為來自國內的阻力而無法擅自開戰。希特勒則在一年多之內以相當理智的方式，完全不對挑釁做出反應。他反而用盡各種嘗試，支持並鼓勵日本擺出威脅性的姿態，藉此轉移美國的注意力，使之不致直接介入歐洲戰局。就在這個時候，他的調虎離山政策獲得了最大成功：日本於十二月七日偷襲珍珠港的美國太平洋艦隊，單方面發動了對美國的戰爭。假使德國繼續不動聲色的話，羅斯福又怎能下令自己遭到日本嚴重挑釁的國家，不理會日本而向未與美國為敵的德國用兵？他又該如何向美國百姓做出解釋？結果希特勒向美國宣戰，替羅斯福省掉了這個麻煩。

此乃出於向日本表達「尼伯龍根的忠誠」？[16]這不是可以被認真看待的理由。德國並無義務參加一場由日本自行挑起的戰爭——反之亦然。一九四〇年九月的德日義《三國協定》建立了一個純粹的防守同盟。日本當初即據此而未曾參加德國對俄發動的侵略戰爭。不僅如此，當德國進軍蘇聯的意圖已經昭然若揭的時候，日本卻在一九四一年四月簽訂《日俄中立協定》並加以遵守。最後造成德軍莫斯科攻勢挫敗的西伯利亞部隊，就是從俄日兩國在滿洲的軍事分界線抽調過來的。因此，縱使希特勒將日美之戰視為德國求之不得的牽制行動與解壓措施，以類似日本處理德俄之戰的方式來冷眼旁觀，他無論在法理上或道義上都完全站得住腳——更何況他完全無力對日本提供積極的援助。同時，希特勒絕非那種會讓情感上的惺惺相惜來影響自己政策的人，他尤其更不可能為了日本而那麼做，這應該已經不言自明了。

希特勒迄今極力避免將美國捲入德國的戰火，此刻卻主動招引美國參戰，其關鍵並不在於日本偷襲了珍珠港，而是因為俄國在莫斯科前線反擊成功。前文已經有證據

16「尼伯龍根的忠誠」（Nibelungentreue）原指德意志帝國無條件忠於與奧匈帝國的盟約。一九〇九年三月二十九日，德國總理比羅（Bernhard von Bülow, 1849-1929）首度對帝國國會說出此一用語，表示支持陷入「波士尼亞危機」的奧匈帝國。「尼伯龍根」一詞取自中世紀的德國英雄史詩《尼伯龍根之歌》（*Nibelungenlied*），但該史詩中的「忠誠」最後均以死難收場。

指出，俄軍的反攻使得希特勒憑直覺認識到「已經再也無法獲得勝利」。這個論點多少應已毋庸置疑，但仍無法藉此解釋希特勒為何會走上那一步。縱使將希特勒的對美宣戰視為孤注一擲，依然無法令人看出其中的道理何在。

莫非對美宣戰是希特勒於偽裝之下的「呼救行動」？一九四一年十二月不僅顯示出此後戰況所證明的一件事情：俄國超過兩億的人口遠多於德國的八千萬，俄方的人力優勢日久之後必將產生決定性的效果。該年十二月的事件似乎同時也對另一件事情做出了預告，雖然它起初暫時被阻擋下來（這在相當程度上不得不歸功於希特勒的意志力）：在俄軍反攻與俄國冬天的雙重作用下，德方很快就會跟拿破崙一樣遭到慘敗。這個可能性或許會使人想像，認為希特勒此時正企圖招惹英美兩國在西線展開入侵行動，這樣至少可被西方列強擊敗而非敗於俄國手中，然後戰敗的德國或可期待從西方獲得比較溫和的待遇。不過三年以後的發展駁斥了這種看法，那時德國已經落魄到只能二選一的地步：究竟是從西方抑或從東方接受致死的一擊。希特勒卻做出了相反的選擇——我們將在〈背叛〉一章進一步對此做出說明。同樣可用來反駁的事實是，希特勒十分清楚美國在動員與軍備等方面的落後情況：西方列強於一九四一與四二年之交的冬季，對入侵行動仍然心有餘而力不足，而且美國比英國還要來得力不從心。

或許希特勒期盼製造出一個極不自然的美英俄同盟，藉此在敵方陣營播下不和的種子？是否他尤其相信美國與俄國很快即將陷入爭端之中，於是可趁機把自己的頭部從吊人索的繩套抽出來？在「已經再也無法獲得勝利」的局面下，這種考量雖然投機取巧，但看似並非完全脫離現實。於隨後的戰爭過程中，俄國與英美果真多次起了非常嚴重的爭執：一九四二與四三年為了開闢「歐洲第二戰場」而時有勃谿、一九四三與四四年為了波蘭而意見不合，以及最後在一九四五年針對德國而齟齬不斷（不過，邱吉爾的英國在處理糾紛時的態度遠較羅斯福的美國強硬）。日後出現的「冷戰」於二戰期間已隱然成形，在一九四一年的時候，即使再缺乏敏銳觀察能力的人士也不難預見於此。可是等到這種情況確實出現以後，希特勒卻從未採取任何行動以從中牟利。一九四二年時——或許直到一九四三年為止——仍然存在與俄國單獨媾和的機會（當時俄方歷盡千辛萬難獨自浴血奮鬥，幾乎扛起戰爭的全部重擔，其對「開闢歐洲第二戰場」的呼籲卻始終不得要領），但希特勒一再加以拒絕。[17]至於他與西方締結和約的機會，更因為自一九四一年起連續犯下的恐怖罪行而一去不返。

希特勒對美宣戰的動機難以找到合理解釋，人們在探索究竟時只能做出各種推測，

17 依據某些文獻，希特勒在一九四三年之前有過三次與蘇聯單獨媾和的機會，但皆為其所拒。一九四三年七月至八月，德俄雙方在庫斯克進行史上最大規模的坦克會戰，結果德軍敗退，打破了德方夏季進攻而蘇方冬季反攻的慣例。此後的軍事主動權完全由蘇方掌握，史達林再也無意與希特勒談和。

因為他從未向別人交代過自己的出發點。這個宣戰動作非但是希特勒最令人不解的過失，以致讓一九四〇和四一年之間看似完全的勝利，變成了無法避免的敗仗；同時在他單獨做出的各種決定當中，這又是最孤單的一個。他直到為了宣布此事，向特地召集的國會發表談話以前，未曾與任何人就此進行討論：他沒有跟自己身邊的將領及軍事隨從談過這件事，雖然他自從對俄開戰以後，每天主要就與他們一起消磨時間；他也沒有向自己的外交部長透露此事，更遑論是政府內閣——希特勒從一九三八年開始就不再召開內閣會議。

可是十一月二十七日的時候，他卻在丹麥外長斯卡維紐斯、克羅埃西亞外長洛爾科維奇兩位外國訪客面前，發表了一段詭異的談話——當時俄軍尚未展開反擊，德軍對莫斯科的攻勢仍僅處於陷入停頓的階段。當天的談話內容被記錄了下來。「本人在這一方面同樣冷若冰霜。」希特勒說道：「如果德意志民族不再強韌、不準備做出充分的犧牲、不願意為自己的生存流血的話，那麼就應該沉淪，被另外一個更強大的勢力所毀滅……。到時候我不會為德意志民族流下一滴眼淚。」多麼可怕的說辭！到了一九四五年，希特勒果真下令把德國凡是還沒有坍塌的東西一概炸毀，不給德意志民族留下任何苟延殘喘的機會。也就是說，德意志民族已經證明自己無力征服世界，因此必須用毀滅作為懲罰的手段。

但即使在此刻，當他首度打敗仗的時候，滅毀的念頭就已經油然而生。這與我們之前已經看出的希特勒性格十分吻合：他傾向於做出偏激的結論，而且「冷若冰霜」和「快如閃電」。對美國宣戰是否就是希特勒內心已出現轉變的第一個跡象？他是否此時已經做出決定，假如自己無法成為有史以來最偉大的征服者和勝利者，那麼至少也要成為最大災難的建構者？

有一點可以確定的是：希特勒對美國宣戰以後，使得莫斯科城外決戰所預示的戰敗終於變得無可避免。他從一九四二年開始即已不再致力於扭轉頹勢。他未曾採取任何新的主動措施，不論在政治上或軍事上都是如此。他之前許多年內的豐富創意是無人可加以否認的，可是自一九四二年起，創意已經煙消雲散。他雖然在政治上有過若干機會，為已經打敗的戰爭找出某種退路，他卻完全不予理會。甚至連軍事上出現過的扭轉戰局機會——例如一九四二年夏天隆美爾在北非出人意表的勝利戰果——也受到同樣的待遇。那看起來就彷彿希特勒對戰勝已經不再感興趣，所在意的反而只是其他的東西。

同樣引人注目的是，希特勒在那幾年當中越來越躲了起來。人們再也看不見他的蹤影，再也聽不到他的聲音。他與人群失去了接觸，他不再走訪前線、不再視察遭受轟炸的城市、幾乎不再公開發表演說。希特勒只是生活在他的軍事指揮總部裡面。他唯有在那邊還繼續統治、跟往常一樣專斷獨行、如流水般任免將領，並獨自做出一切軍事決定——往往是一些非常奇怪的決定，例如在史達林格勒把第六軍團白白犧牲掉。他在那些年頭的戰略非常僵化與缺乏創意，唯一的策略就是「不計一切代價守住陣地」。然而，儘管付出了代價卻沒有守住任何陣地。所征服的土地一塊接著一塊損失，從一九四二年底開始先是東方，一九四四年以後再加上西方。希特勒並未對此做出反應，只是進行耗時甚久的遲滯戰——顯然作戰不再是為了爭取勝利，而是要拖延時間。奇怪的是：過去他從未有過時間，這回卻用戰鬥來拖延時間。

可是他繼續進行戰鬥，而且他仍然需要時間。那到底是為了什麼？希特勒向來追尋兩個目標：由德國來統治歐洲以及滅絕猶太人。既然第一個目標已告落空，現在他便集中全力來實現第二個目標。當德軍正在進行曠日持久、犧牲慘重，而且徒勞無功的遲滯戰之際，卻日復一日有火車將人群如同貨物般運往各個毀滅營，[18]因為一九四二年一月已經針對「猶太人問題的最終解決」[19]做出了裁示。

一九四一年之前的那些年頭，希特勒曾以其政治及軍事行動令全球屏息凝神。如今這已成過去，此後他將以自己的罪行令世人喘不過氣來。

18 毀滅營與集中營之最大不同處在於：後者對囚徒的處理方式為「藉勞役來毀滅」，前者則直接殺害（主要使用毒氣）。納粹於一九四一至四二年之間共在東歐設立六座大型毀滅營。其中規模最大者位於比爾克瑙，附屬於奧許維茨集中營，其毒氣室及焚屍爐的每日「處理能量」超過四千四百人！

19 一九四二年一月二十日，黑衫隊及納粹黨政高層於柏林舉行「萬湖會議」，除對「猶太人問題的最終解決」做出決議之外，並協調各相關機構在工作上的配套措施。此「最終解決」於是演成有史以來規模最大、首度以工業化方式進行的種族屠殺。

第6章

罪行

Verbrechen

希特勒不僅僅是殘酷的統治者與征服者而已。他曾經下令殺害數不勝數的無辜百姓，此舉並非為了達成任何軍事或政治上的目標，而是為了帶來個人的滿足感。他最特別的地方就是，縱使當「國家利益至上原則」缺乏任何理由或者找不到任何藉口，他照樣下令謀殺不誤，而且規模大得令人難以想像。他以工廠加工的方式來作業，受害者不局限於幾十或幾百個人，而是以百萬人作為計算單位。他只能被稱為一個大屠殺者。

希特勒無疑為世界政治史的要角，但他也無疑將在犯罪史上留名。他曾經枉費心力，企圖透過征服戰來建立一個世界帝國。此類行動總是會導致血流成河，不過從亞歷山大大帝乃至於拿破崙之輩的大征服者，從來就沒有人因此被斥為罪犯。可見希特勒之所以是罪犯，並不在於他效法了那些人的作為。

其中的原因來自完全不同的方面。希特勒曾經下令殺害數不勝數的無辜百姓，此舉並非為了達成任何軍事或政治上的目標，而是為了帶來個人的滿足感。就此來說，他無法與亞歷山大和拿破崙等量齊觀，反而只是跟「婦女殺手」屈爾騰[1]以及「少男殺手」哈爾曼[2]同一流的人物。但不同之處為，後二者僅僅手工犯案，希特勒卻是以工廠加工的方式來作業。如此一來，其受害者不局限於幾十或幾百個人，而是以百萬作為計算單位。他只能被稱作是一個大屠殺者。

我們使用「大屠殺者」一詞的時候，指的是它在犯罪學上的精確含義，而非為了誇大其詞或蓄意詆毀。有時政治人物與軍事將領把敵人或自己的士兵送向死亡之後，也會被冠上這個稱呼。不論在任何時代和任何國家，政治人物（以及軍事將領）皆有可能下令殺人，例如當他們面對戰爭、內戰、國家危機和革命的時候。他們未必就因而成為犯罪者，不過各民族向來具有敏銳的觸感，能夠看出自己的統治者究竟是迫於形勢，抑或基於見不得人的欲望才出此下策。無論實情如何，他們將永遠沾上「殘酷的統治者」之污名，即使再能幹的統治者也難以倖免——像史達林就是這樣的例子。希特勒也是一個殘酷的統治者，但值得一提的是，這毋寧為德國歷史上相當罕見的現象。在希特勒之前，德國殘酷統治者的人數遠遠少於俄國和法國。然而這並非此處所欲探討的主題。

希特勒不僅僅是殘酷的統治者與征服者而已。他最特別的地方就是，縱使當「國家利益至上原則」缺乏任何理由或者找不到任何藉口的時候，他照樣下令謀殺不誤，而且規模大得令人難以想像。他的大屠殺有時更與其政治上及軍事上的利益完全牴觸。就以對俄戰爭為例，今天我們都曉得，那場仗是無法用軍事手段取勝的；但假若希特勒是以解放者而非毀滅者的姿態出現，那麼或許仍有可能以政治手段獲勝。只不過希

1　屈爾騰（Peter Kürten, 1883-1931）為威瑪共和時代惡名昭著的嗜血殺人魔，有「杜賽道夫的吸血鬼」之稱。主要犯案時間為一九二九年，一九三〇年遭到逮捕，被指控謀殺九次和殺人未遂七次（受害者除一人外皆為婦女，最年輕者年僅五歲），最後被判處九個死刑。屈爾騰走上斷頭台之前曾詢問獄方人員：「我的頭被砍下以後是否還聽得到鮮血從脖子噴出來的聲音？……這是可以用來結束我之前各種樂趣的最大享受。」

2　哈爾曼（Friedrich Haarmann, 1879-1925）為二十世紀最令人髮指的連續殺人犯之一，被稱為「漢諾威的屠夫」。他從一九二三至二四年，至少於自宅殺害並肢解二十四名年屆十三至二十歲之間的年輕男性，最後於一九二四年中被捕，翌年被送上斷頭台。哈爾曼與屈爾騰對犯行均無悔意，所殺害之人數令英國的「開膛手傑克」望塵莫及。

特勒對謀殺的興趣蓋過了他其實相當高明的政治算計能力。

希特勒所犯下的大規模謀殺發生於戰時，不過它們與戰鬥行動無關。我們甚至可以表示，戰爭只不過被用為大開殺戒的藉口；大屠殺不但與戰爭風馬牛不相及，而且一直是希特勒的個人需求。他曾經在《我的奮鬥》一書中寫道：「當最優秀的人正在前線陣亡的時候，人們至少可以在家中動手撲滅害蟲。」被希特勒視為「害蟲」而加以撲滅的那些人，僅僅在一點上面與戰爭有所關聯，那就是戰爭轉移了國內對此項謀殺的注意力。除此之外，希特勒的各種屠殺行動本身就是目的，它們既非用於取得勝利的手段，更不是挽救敗局的方法。

它們反而妨礙了作戰：因為成千上萬名具有戰鬥力的黑衫隊員（人數相當於好幾個師的兵力），連續多年忙於進行屠殺而無法征戰沙場；前線的作戰部隊亟需後勤運補，可是日復一日將人群穿越全歐送往毀滅營的工作，使得原已嚴重不足的機動運輸工具更形短缺。除此之外，在戰勝已無可能的情況下，那些謀殺行動更剝奪了一切妥協求和的機會。自從屠殺的規模公諸於世之後，西方及俄國的當政者相繼確定，結束戰爭的最佳方式並非與希特勒進行外交談判，而是要審判希特勒。於是西方盟國率先於一九四三年一月宣布，以「懲罰那些必須為此犯罪行為負責任者」作為戰爭目標，蘇聯隨後也在一九四三年十一月跟進。這個做法需要更進一步的戰爭目標，那就是無條件投降。3

一九四二至四五年之間，整個世界都了然於心，意識到希特勒的大肆謀殺並非單純的「戰爭罪」，實乃不折不扣的犯罪行為；其犯罪規模非但前所未聞，更是文明的災難，比起習稱的「戰爭罪」還要更上一層樓。只可惜這個想法後來因為「紐倫堡戰犯審判」——那是一個不太成功、今天難得還有人想重新提起的法庭——再度變得模糊不清。

此種「戰勝者的司法」具有許多缺失：最主要的被告缺席，因為他已經規避了塵世間一切的司法裁判；判決時所援引的法律條文則為量身裁製，並得溯及既往。但其中最嚴重的問題在於：希特勒真正的罪行——以工廠作業方式，對波蘭人、俄國人、猶太人、吉普賽人和殘疾者所進行的大屠殺——卻僅僅與強迫勞動和強制遷徙，共同構成了「違反人道罪」這項次要罪名。主要的起訴罪狀反而只是「破壞和平罪」，也就是進行了戰爭，並犯下被定義為「違反戰爭法則及戰爭慣例」的「戰爭罪」。

參戰的任何一方難免皆曾以或較嚴重、或較輕微的方式，犯下了相同的罪狀，而且戰勝的列強也都進行了戰爭。就此而言，人們很容易便會認為那是「過失者」對「過失者」所進行的審判，而被告之所以被判有罪的原因，就是因為他們打了敗仗（英國

3 羅斯福和邱吉爾於一九四三年一月的卡薩布蘭卡會議中，將敵方的無條件投降列為戰爭目標。

的蒙哥馬利元帥即曾於審判結束後，公開表達上述觀點）。紐倫堡於是製造出許多紛擾。對德國人而言——雖然德國人最應該反求諸己並羞愧得無地自容——那些紛擾喚起了抵賴心理；每當遭受指責的時候，他們動輒以「彼此彼此」作為回應，此即「難道你們就沒有犯下戰爭罪？」之意。對戰勝國而言（至少是西方的戰勝國），那些紛擾留下了有如宿醉般「悔不當初」的感覺——英國的情形尤其如此——以致不斷冒出荒謬至極的論點來為希特勒辯解。

今天我們必須煞費苦心，把希特勒三十五年前所犯下的令人椎心泣血的真正罪行，從一大堆可謂戰時司空見慣的醜惡行為之中篩選出來。最妥當的著手方法，就是探究希特勒的各種劣跡當中究竟何者與一般罪行無關。但這種做法的危險性，卻是必須擔心會被某些讀者視為有意替希特勒洗脫罪名。實際的情況剛好完全相反。

讓我們先從「破壞和平罪」開始談起。紐倫堡大審做出了空前絕後的創舉，將戰爭本身——至少是把一場預謀已久、蓄意發動的侵略戰爭——宣布為犯罪行為。當時甚至有人將「破壞和平罪」視為首要罪狀，認為它足可涵蓋其餘一切罪名；他們更把戰爭的「被犯罪化」譽為人類劃時代之進步。這種聲音到了今天已經相當沉寂。[4]戰爭與謀殺容易被混為一談，修辭學更在二者之間劃上了等號，但它們其實大相逕庭。希特勒的案例正好清楚地呈現出這一點。

可以確定的是，至少西方民族對戰爭的看法已在二十世紀出現了顯著轉變。戰爭曾在過去受到頌揚讚美。即使是第一次世界大戰的時候，各參戰國的百姓仍然——並非只有德國人如此——以歡欣鼓舞的態度走向戰爭。這種情況早就一去不返。第二次世界大戰已經被所有的民族——德國人也不例外——視為不幸與災難。此後大規模毀滅武器不斷開發，更進一步普遍強化了對戰爭的驚駭與抗拒。可是戰禍並未就此消弭，人們始終找不出可用來廢除戰爭的辦法。像紐倫堡那種把戰爭宣布為犯罪的做法顯然並非解決之道。

此後已經發生或正在進行之中的戰事，均對此做出了證明——況且當初在紐倫堡把戰爭斥為犯罪的同一批國家，每年都繼續為了維持戰備而投入巨額的金錢與人力物力。他們別無選擇，因為他們曉得戰爭依舊隨時可能發生，而且在某些情況下甚至是無可避免的事情。

第二次世界大戰的參戰國，固然大多曾於戰前的《凱洛格公約》之中，盛大其事

4「紐倫堡大審」的起訴書共包括「破壞和平罪」、「侵略罪」、「戰爭罪」及「違反人道罪」等四大罪狀。二〇〇二年新成立的「國際刑事法院」已將起訴項目修改為「種族滅絕罪」、「違反人道罪」、「戰爭罪」及「侵略罪」——「破壞和平罪」已不再名列其中。

地簽署了非戰聲明；[5] 一九四五年以後，類似的非戰聲明更成為國際條約的標準內容之一，從《聯合國憲章》直到《赫爾辛基協議》[6] 皆不例外。不過所有的政府都十分清楚，那些條約在形勢險峻之際根本無足為恃，於是都做好了未雨綢繆的因應之道。儘管事態如此，並沒有任何人因而將各國政府一概斥為犯罪政權。縱使把令人不快但卻無可避免的事項悉數譴責為犯罪行為，也無法藉此產生任何助益。如果一定要這麼處理戰爭的話，那麼不如把「出恭」也一併宣布為犯罪行為。

若簡短回顧一下世界歷史，無論是希特勒之後或之前的時代都告訴我們，戰爭無法被排除於國際體系之外，那就好像「出恭」之於人體生理系統一般，是無法加以禁制的行為。只需略加思考之後，便不難看出為什麼會是這個樣子。戰爭進行於國與國之間，因而屬於國際體系的一環，其關鍵在於國家是塵世間現存的最高權力實體及武裝機構。國家的武力壟斷權具有不可或缺之重要性，有了這個必備條件之後，國民於國家內部的團體衝突和階級矛盾即可藉由非暴力手段加以調解。但這同時使得國與國之間的衝突，在嚴重的時候只能訴諸武力，也就是以戰爭來解決。倘若國家之上另有一個更高的權力機構，那麼情況可望有所不同：此即一個獨一無二、統轄全球的世界性國度，其餘國家就像聯邦的成員國一樣附屬於它。此種世界性的國度雖然向來是大征服者及其所建立的大帝國之夢想，但這個目標迄今從未實現過。只要政治上的世界依然由許多自主國家組成，席勒的名言就會繼續有效：

戰爭之恐怖有如天降的磨難，
但戰爭與磨難無好壞之分，乃命運之一環。

類似紐倫堡那種把戰爭犯罪化的做法，只會讓戰爭變得更加恐怖，因為即將戰敗的一方已不再為勝利或失敗而戰，所進行的反而是生死存亡之戰。

或許有人會提出異議，表示紐倫堡並未將每一場戰爭都烙印為犯罪行為，只有侵略戰和征服戰才被如此看待。沒有人能夠否認，希特勒至少在東方進行了這麼一場戰爭。第二次世界大戰與一戰的時候不同，幾乎不存在「戰爭罪責問題」。希特勒預謀、盼望並發動了這場戰爭，其近程目標是建立一個由德國主宰的大帝國，遠期的目標就是要統治世界。

5《凱洛格公約》簽署於一九二八年八月二十七日，全名《凱洛格—白里安公約》，亦稱為《巴黎非戰公約》或《非戰公約》。此公約將一切戰爭宣布為非法，但並未針對制裁違反者的辦法訂出規定。

6 一九七五年七月，「歐洲安全合作會議」在赫爾辛基召開會議，並簽訂《赫爾辛基協議》，成為冷戰期間的溝通互信平台。

不過，即便實情如此，未必就可以毫無保留地稱之為犯罪。而且在某種情況下，稱之為犯罪之前必須在態度上更加有所保留：譬如當有人認為戰爭必須遭到廢除的時候——因為今日的科技水準已經使得人類再也無法承受戰爭的摧殘。

既然在一個由許多自主國家組成的世界之中無法避免戰爭，既然科技時代的戰爭對人構成了生存上的威脅，那麼「以戰止戰」的做法——也就是用一場戰爭來結束所有的戰爭——在人類所處的這種狀況下豈不反而合乎邏輯？從我們之前所做的觀察看來，一個世界性的國度可能就是廢除戰爭機制的唯一辦法，但通往世界性國度的唯一道路，恐怕就是世界征服戰。至少歷史上的經驗還沒有向我們顯示出其他的途徑。

類似日內瓦的「國際聯盟」或紐約的「聯合國」等機構無法消弭戰爭，這是已經可以確定的事情。從另一方面來看：我們所曉得維持最久、狀態最穩定的和平，就是公元最初四個世紀「羅馬的和平」。但開其先河者，卻是一連串目標明確的羅馬征服戰爭，而且唯有通過那些征服戰爭才使之成為可能。「羅馬帝國」與「羅馬的和平」實際上是同樣的東西。此外尚可舉出另一個規模較小、但在歷史上離現在更近的例子：德境各邦曾於許多世紀之內一再彼此兵戎相見，甚至打出了像「三十年戰爭」那般毀滅性十足的戰爭，直到俾斯麥將德國統一起來為止——透過戰爭。

那麼第二次世界大戰本身看起來又如何呢？對美俄兩大主要戰勝國而言，這場仗打到最後——不論當初有意與否——豈不也變成了征服戰與建立帝國之戰？「北大西洋公約組織」和「華沙公約組織」豈不在某種程度內，剛好分別等於美利堅帝國與俄羅斯帝國？二戰結束後「冷戰」繼之而起，直到「冷戰」陷入核子僵局之前，彼此心照不宣所爭奪的不正是世界的統治權？我們豈不得承認，二戰之後所形成的俄羅斯與美利堅統治區，正好分別於其內部，形成了今日全球唯一持續處於穩定和平狀態下的地帶？[7]雖然聽起來矛盾，可是歷史上成功的征服者與大帝國的建立者（希特勒也打算成為其中一員），對和平做出的貢獻卻大於一切書面的「非戰宣言」。因此，希特勒的罪行並不在於想效法那些征服者。或者換個角度來看，他的罪行不在於做出了失敗的嘗試，而被他招惹進來的美俄兩國，卻在將他擊敗以後成功實現了他當初的夢想。

希特勒特別嚴重的罪行，也不在於「違反戰爭法則及戰爭慣例」，此即紐倫堡大審中實際列名出來的「戰爭罪」。關於這一點，首先值得注意的是，此項罪名與前面剛討論過的罪狀相互矛盾。假如戰爭果然是犯罪行為的話，那麼其法則及慣例必然亦為罪

7 此和平狀態分別被稱為「蘇維埃的和平」與「美國的和平」。史上可相提並論之「和平」除「羅馬的和平」外，另有「蒙古的和平」及「不列顛的和平」等。

行之一部分，就不會有「違反」的可能。「戰爭法則及戰爭慣例」真正的出發點卻是：戰爭並非犯罪行為，反而原則上可以被接受，因為它是一個無法避免的國際機制。套用卡爾．施密特[8]的巧妙說法，那些法則及慣例被用為「戰爭的藩籬」，它們主要透過規章及協議來保護平民與戰俘，藉以縮小戰爭的範圍，使之較可被承受。

不過二者離完美還有很長一段距離。例如用來保障戰俘人身待遇及生命安全的《日內瓦公約》，並未受到所有國家承認。用於禁止侵犯戰地平民百姓的《海牙陸戰法規》，則缺乏相對應的「空戰法規」來加以補足；如此一來，對住宅區的空襲行動竟未違反通用的戰爭法則及戰爭慣例。

但更重要的是，任何戰爭中的交戰各方，難免都會做出有違戰爭法則及戰爭慣例的行為；而約定俗成的規矩是，此類行為通常不受國際制裁，這是不無道理的做法。違犯者於戰爭還在進行的時候，即已從本國的長官或軍事法庭那邊接受了輕重不等的處罰——懲罰的方式通常極為嚴厲，因為搶劫、謀殺和強暴等罪行若遭到縱容的話，必將導致軍紀敗壞而降低己方部隊的戰鬥力。戰爭結束以後，各交戰國慣常的做法是不再追究少數尚未遭到懲處的戰時罪行，唯有司法界的狂熱人士才會對此措施表示遺憾。這做法的聰明之處在於：把簡直可稱作「正常」的戰時殘暴行為，當作不可避免的例外情況。原本循規蹈矩的公民和一家之主，在非常狀況下養成了殺戮的習慣，而戰後的首要課題就是要趕緊讓他們忘掉那個習慣。

各戰勝國所犯的錯誤，就是在二戰結束以後忘記了這個聰明的做法。其錯誤的原因不僅在於只追究了戰敗國的越軌行為，以致讓人產生不公平的感覺（戰勝國當然也曾有過類似的越軌行為）。最主要的錯誤原因尤其在於：希特勒的罪行被拿來與任何戰爭中皆可能發生的罪行混為一談，以致讓人淡忘了希特勒罪行的獨特性質。希特勒的大規模謀殺行動最主要的特徵，正在於它們絕非戰時的一般罪行。打仗的時候可能會發生許多罪行，例如在激戰之後餘恨未消的情況下殺害戰俘、在游擊戰時槍斃人質、在「戰略空襲」時轟炸了純住宅區、於潛艇戰時擊沉客輪及中立國船隻。這些罪行固然都很恐怖，可是等到戰爭結束、雙方廣泛取得協議以後，最好就不再相互追究責任。然而大屠殺、有計劃地滅絕整個族群、有如「撲滅害蟲」一般地殺害人類等等，完全是另外一回事。

現在我們必須探究希特勒的這些罪行，但此處不擬對那些令人起雞皮疙瘩的細節

8 卡爾．施密特（Carl Schmitt, 1888-1985）為極具爭議的德國憲法學大師及政治哲學家，一九三三年加入納粹黨，成為納粹法學界的教皇，替納粹的奪權提供法源基礎。一九三六年十二月他被「黑衫隊」斥為「投機取巧」而遭排擠，乃專任柏林大學教授。納粹德國戰敗之後，施密特不得繼續擔任教職，轉而致力於國際法的研究與撰著。

做出詳盡描述。反正在其他書籍裡面可以找到這方面的豐富資料——例如萊因哈德・亨基斯那本記載得既詳盡又清晰的《國家社會主義之暴力犯罪》。[9]我們在此只是依據時間的先後順序，簡短列出犯罪事實。

一、戰爭爆發當天，也就是在一九三九年九月一日，希特勒書面下令大規模殺害德國境內的病患。這道命令於隨後兩年內，導致大約十萬名「吃閒飯」的德國人遭到官方屠戮。其中包括七至八萬名療養院及安養院的病患、一至二萬名被各集中營剔除的病號及殘廢者、精神病院的全部猶太病患，此外並有大約三千名年齡介於三歲至十三歲之間的兒童（主要為特教班學生及育幼院病童）。這些行動中輟於一九四一年八月。部分的理由是因為它們日益讓百姓不安，並促成基督教會公開提出抗議；另一部分的理由——其實為主要原因——則是那個專為滅絕病患而設的組織（其代號為「T4」[10]），被希特勒運用於大規模進行的滅絕猶太人行動，此後就再也找不到機會重新展開消滅病患了。

二、同樣在一九三九年九月，德國展開了滅絕吉普賽人的行動。吉普賽人遭到四下搜捕以後，起先被關入集中營，接著在一九四一和一九四三年分成兩批轉運至毀滅營。自一九四一年起，東歐被占領國的吉普賽人與猶太人一樣，均被有系統地加以滅絕。或許因為這個大屠殺進行得完全不聲不響，事前從未有過宣傳行動為之鋪路或發出議論，於是後來幾乎無人探究其詳。事發當時已經無人聞問，時至今日我們除了曉得此事確曾發生以外，所知仍相當有限，而且書面資料非常罕見。被謀殺者的數目據估計多達五十萬人。無論如何，一九三九年德國大約二萬五千名吉普賽人當中，到了一九四五年只有五千人左右倖存下來。

三、大約過了一個月，也就是一九三九年十月結束波蘭的戰事之後，希特勒展開了第三個大規模謀殺系列。這回的犧牲者是波蘭的知識界精英及領導階層，而且殺戮的時間持續了五年之久。希特勒並未對此發布書面命令——就此類行動而言，他最後一次書面下令是在殺害病患的時候。他雖然只做出了口頭指示，但那些指令均有證據可循，並且同樣被嚴加執行。比方說，當國防軍針對德國在波蘭進行的恐怖統治提出抱怨以後，海德利希[11]曾於一九四〇年七月二日的一份報告中做出解釋，

9 萊因哈德·亨基斯（Reinhard Henkys, 1928-2005）為德國基督教會著名的新聞工作者，一九六四年出版的《國家社會主義之暴力犯罪》（*Die nationalsozialistischen Gewaltverbrechen*）乃德國最早全面描述納粹罪行的著作之一。

10 T4為「提爾花園四號」（Tiergarten 4）之縮寫，即「帝國療養院及育幼院工作小組」在柏林市的地址。該小組進行的工作簡稱為「T4行動」或「E行動」——E代表「優生學」（Eugenik）和「安樂死」（Euthanasie）——假「優生」、「安樂」之名大肆殺害所謂「無生存價值者」。T4後因行動曝光在國內引起強烈反彈，一九四一年被「黑衫隊」接管。

11 海德利希（Reinhard Heydrich, 1904-1942）乃黑衫隊上將及希姆萊的左右手，原為遭撤職的海軍中尉通訊官，

表示此乃「元首激烈得異乎尋常的特別命令」(例如下令消滅數以萬計的波蘭領導階層人士)。「波蘭占領區總督」法朗克[12]曾經引述希特勒一九四〇年五月三十日的口頭指令:「目前已確認的波蘭領導階層必須遭到肅清;繼之而起者須由我方嚴加看管,並於適當時間內加以清除。」可確定的事實是,希特勒下達指示以後,連續五年內除了猶太人之外,縱使非猶太裔的波蘭人也在自己的土地上失去了法律保障,只能任憑一個專制暴虐的政權進行宰割。受過高等教育的階層——神職人員、學校教師、大學教授、新聞記者、企業界人士——就是這個精心策劃出來的滅絕行動之犧牲者。根據希姆萊一九四〇年五月的一份備忘錄,即可看出此一行動的宗旨究竟何在(希姆萊完全稱得上是希特勒犯罪時的頭號幫手,因此就這些事項而言,他可謂是「元首」的傳聲筒):

東部非德意志裔之居民不得享有小學四年級以上的學校教育。這種小學之目的僅僅在於:使他們學習頂多數到五百的簡單算術、能夠寫出自己的名字,並讓他們學會一個道理,此即上帝的旨意就是要他們對德國人服從、誠實、勤奮和守規矩。我認為閱讀是不必要的。除了這種小學之外,在東部完全不准設立任何學校……。前後一貫推行這些措施十年以後,「行政總署」[13]管轄之下的居民勢必只會剩下劣等人口。這些百姓將成為缺乏領導、專供使喚的勞動民族，每年為德國提供流動勞力以及從事特別工作項目（街道、橋樑、建築工程等）的工人。

這種將一個具有悠久文化的民族去文明化之企圖，本身當然已經是一種罪行。何況除此之外，它還涵蓋了對波蘭教育階層進行的大規模謀殺。在這個有系統屠殺行動之下犧牲的波蘭知識分子，其確實人數比慘遭謀害的猶太人更難查明。整體而言，依據波蘭官方的統計數字，該國於為時六年的戰爭期間共計損失了大約六百萬人，其中三百萬左右乃遭到屠殺的猶太人，亡於戰鬥中的波蘭人則少於三十萬。若扣除可視為

一九三一年協助黑衫隊設立「安全局」。他在納粹上台以後平步青雲，先後成為「蓋世太保」及「國家安全總局」負責人，一九四一年起並兼任「波希米亞暨摩拉維亞總督」，進行高壓統治。海德利希曾於一九四二年一月主持「萬湖會議」，對「猶太人問題的最終解決」做出決議，同年五月底遭捷克流亡政府派員刺殺於布拉格。

12 法朗克（Hans Frank, 1900-1949）乃法學博士，曾為希特勒的私人法律顧問，一九三九年十月至一九四四年八月之間出任「波蘭占領區總督」。紐倫堡大審時，法朗克因「戰爭罪」及「違反人道罪」被判處絞刑並執行完畢。

13 「行政總署」為「波蘭占領區行政總署」之簡稱，以及其一九四〇年七月底以後的正式名稱。一九三九年九月德蘇分頭出兵攻占波蘭之後，納粹德國將所獲得的波蘭西半部地區切割為兩塊，其西北部——多為前德意志帝國之領土——併入德國，未被併入的東南部地區則稱作「行政總署」，面積約九萬平方公里，首府為克拉科。納粹設立的六座大型毀滅營之中，有四座就位於「行政總署」。

難民和自然損失的七十萬人以後，剩餘的兩百萬人當中至少有一半，應該就是有計劃滅絕波蘭領導階層之下的犧牲者。最後剩下來的那些人，才是因為占領當局對游擊戰採取的報復措施而遇害——其中包括毫不留情的大規模強制遷徙，以及普遍存在的恐怖恫嚇手段。

四、德國曾於二至三年之間攻占了遼闊的俄國土地，而德國對待占領區俄國百姓的政策與上述波蘭政策完全相同：滅絕統治階層以及剝奪其他人的權利並加以奴化。希特勒原本為波蘭訂出了較不嚴酷的命運，指望該國能夠像匈牙利、羅馬尼亞、斯洛伐克和保加利亞一樣擔任助手民族。可是自從波蘭拒絕扮演這個角色以後，希特勒除了對此採取懲罰行動之外，並把波蘭變成預演的場地，實地操練他始終打算在俄國進行的滅絕及奴化政策。不過在俄國方面有兩點與波蘭大異其趣，使得那種政策更加尖銳化。

首先，俄國的領導階層——不論果真如此或是想當然爾——都是共產黨；相形之下，波蘭的領導階層則多為保守派天主教徒，因此對俄採取有系統的滅絕措施時便少了最後一分顧忌。其次，國防軍或出於自願或在被迫之下，涉入了發生於俄國的犯罪行動，這也是有異於波蘭之處。

在波蘭方面，首任占領軍指揮官布拉斯科維茨上將，於戰時的第一個冬天仍提交申訴書（他後來為此遭到解除職務），對德軍戰線後方「肆虐橫行的獸性病態本能」表達震驚之意。[14]海德利希則是在前文所引述、發表於一九四〇年七月二日的一篇報告中指出，此乃「元首激烈得異乎尋常的特別命令」。可是他當然無法向軍方的指揮系統透露命令之內容：「要讓警方及黨衛隊的行動，對外看起來像是偶發事件及擅自做出的暴力行為。」關於俄國方面，希特勒認為絕不可再讓陸軍保持清白之身。早在一九四一年三月三十日，也就是開戰之前幾個月，他已經向高級軍官發表講話，並開門見山指出：「我們必須擺脫有關各國士兵之間同志感情的觀點。共產黨員之前不是同志，以後也不會是同志。即將進行的是一場毀滅性戰爭……我們打仗的目的不是為了保護敵人……在未來的東方，嚴酷就等於溫柔。」

國防軍的將領對那些指令遵從了多少，尤其希特勒那一道惡名昭彰、有關殺盡被俘政工人員的命令[15]究竟被執行至何種程度，這些問題迄今依然眾說紛紜。不過德方手

14 布拉斯科維茨（Johannes Albrecht Blaskowitz, 1883-1948）曾於波蘭戰役擔任軍團司令直搗華沙，而後出任占領軍指揮官。他不滿納粹人員在德軍背後對波蘭人及猶太人所做的暴行，兩度上書陸軍總司令表示：「國防軍對黑衫隊及警方的觀感介於憎惡與仇恨之間。每位士兵……均以這些罪行為恥。」希特勒將其表現斥為「幼稚」，並解除其指揮官職務，將之調往法國。布拉斯科維茨最後在一九四八年自殺於紐倫堡獄中。

15 一九四一年六月六日（突襲蘇聯之前十六日），德國各軍團司令已接獲所謂的「政委命令」——被俘的蘇軍政工人員「應不加考慮就地槍決」。

中的俄國戰俘下場如何則已無可爭辯。依據「國防軍最高統帥部一般行政處」一九四四年五月一日的名冊，截至當時為止共計有五百一十六萬名俄國戰俘，其中大多被俘虜於一九四一年的戰役。當天有一百八十七萬一千人存活下來，四十七萬三千人被登記為「已遭處決」，六萬七千人則「已經脫逃」。其餘將近三百萬人則喪命於戰俘營，而且多半是活活餓死的。無怪乎後來也有許多被俘德軍無法活著離開俄國的戰俘營。

就此而言，最好不予追究的一般戰時罪行與希特勒大屠殺之間的界線，已經變得模糊不清。想一下子就餵飽於短短數月內俘虜的數百萬敵軍並非易事，這固然解釋了若干事情，可是並不足以說明一切。戰俘營內活活把人餓死和人吃人的現象實乃出自希特勒的預謀，[16]而且他曾在一個令人想像不到的地方間接承認此事。一九四二年十二月十二日舉行午間匯報時，希特勒不允許在史達林格勒陷入重圍的第六軍團突圍，他所列舉的理由之一，就是馬匹牽引的砲兵部隊勢必被迫留於原地，因為那些餓得半死的馬匹已經缺乏足夠的拖曳能力。希特勒接著表示：「假如那是俄國人，我還可以表示反正一個俄國人可以把另外一個俄國人吃得精光。但我總不能讓那些老馬彼此吃來吃去吧！」

對俄羅斯平民領導階層的大肆謀殺已非國防軍之任務，而是由四個「特別行動隊」負責進行。它們從成立的第一天開始就竭盡全力，在戰線的後方以謀殺為己任。截至一九四二年四月——亦即於為期將近四年的戰爭之最初十個月——「A特別行動隊」（北方）提出報告，「被處決者」共有二十五萬人，「B特別行動隊」（中部）為七萬人，「C特別行動隊」（南方）為十五萬人，「D特別行動隊」（最南方）則為九萬人。但因為缺乏後來的數據，而且那些「捷報」並未區分猶太人與「布爾什維克」，以致很難估算出慘遭謀害的非猶太裔俄國平民之確切人數。不過其人數應不少於波蘭的遇難者，而且只可能更多。希特勒非但未能透過這些大屠殺來提高自己獲勝的機率，反而使得獲勝的希望完全歸於幻滅。我們已經在前面對此做出了說明。

五、希特勒對猶太人犯下了最大規模的屠殺，這是眾所周知的事情。從一九四一年中開始，最初是針對波蘭和俄國的猶太人。接著於一九四二年初以後，也將對象擴充至德國及全歐被占領地區的猶太人，於是歐洲為此被「由西至東犁庭掃穴」一番。希特勒曾於一九三九年一月三十日，預先宣布了自己追求「在歐洲滅絕猶太人種」的

16 希特勒將斯拉夫人視為「劣等人種」，蘇聯戰俘所受的待遇也最差。例如供他們吃的麵包經過特製——約以百分之五十粗黑麥粉、百分之二十甜菜渣、百分之二十木屑、百分之十乾草粉或樹葉製成——名為「俄國人的麵包」。其目的除羞辱蘇聯戰俘外，並使之處於餓死邊緣，以致出現過人吃人的現象！納粹德國前後共俘虜俄軍五百七十萬人，其中約三百三十萬人歿於戰俘營，死亡率將近六成。相形之下，被俘美軍的死亡率約為千分之一。

意願。儘管他做出了最偏激的努力，仍然無法實現這個最終目標。可是無論如何，遭希特勒下令殺害的猶太人，其總人數依據不同的計算方式少則超過四百萬，多則將近六百萬。截至一九四二年為止的謀殺方式，就是把遇害者集體槍殺於他們自己事先挖妥的大型亂葬坑前面。此後則在特列布林卡、索比波、麥達內克（盧布令）、貝爾澤克、切姆諾（庫姆霍夫）及奧許維茨等六座毀滅營，[17]用特地為此而建的毒氣室加以毒殺，各毀滅營並附有巨型焚屍爐。

近來卻有一位英國歷史學家——大衛·爾文[18]——否認希特勒須為屠殺猶太人負責。若按照其講法，大屠殺乃「希姆萊背著希特勒」做出的行為。

爾文的論點無法站得住腳。一則因為它完全缺乏內在的可能性——第三帝國的大環境使得這種大規模行動根本不可能在希特勒不知情或違反其意願的情況下被貫徹執行；更何況希特勒本人事先已經宣布過，戰爭即意味著「猶太種族的滅絕」。再則那是因為已有希特勒和希姆萊的確鑿說辭指出，希特勒乃下令者而希姆萊為奉命行事者。希特勒曾於一九四二年——也就是「最終解決方案」的第一年——至少有五次公開吹噓將如何實現已預告的工作，時間分別為一月一日、一月三十日、二月二十四日、九月三十日和十一月八日。他最後一次的講法並被逐字逐句記載下來：

大家應該還記得，本人曾經向國會宣示：假如猶太集團一廂情願地以為，有辦法在國際間製造出一場世界大戰來滅絕歐洲種族的話，其後果將不是歐洲民族的滅絕，而是歐洲猶太人的滅絕。曾經不斷有人把我譏為「未卜先知」。可是當初取笑我的人裡面，今天已經有數不清的人再也笑不出來了，至於現在還在譏笑的那些人，或許經過若干時間之後就再也不會那麼做了。

希姆萊也曾多次講述，自己在滅絕猶太人的企圖當中扮演了何種角色。不過他的口氣截然不同，已非語帶嘲諷的自我吹噓，反而含有自怨自艾的味道。譬如在一九四四年五月五日：「你們可以感同身受，那個彷彿軍令一般交辦給我的命令執行起來有多麼困難；而我奉行了那道命令，並以服從心和最堅定的信念將之貫徹到底。」或如一九

17 此六座毀滅營皆位於今日的波蘭。其中特列布林卡、索比波、麥達內克、貝爾澤克位於「行政總署」；切姆諾及奧許維茨則位於併入納粹德國的地區。切姆諾的德文名稱為庫姆霍夫；此處的奧許維茨指的是「奧許維茨二號營」，即比爾克瑙毀滅營。

18 大衛．爾文（David Irving, 1938-）乃自學成功的英國極右派歷史學家，其著作風行於一九八〇年代之前，曾於一九七七年發表《希特勒的戰爭》（*Hitler's War*）一書，宣稱希特勒對大屠殺「不知情」。爾文此後日益為納粹提出辯護，自八〇年代末期更全面否認曾經發生過大屠殺。目前國際史學界對其著作已不予重視，德、奧、美、加、紐、澳等國甚至不准他入境。

四四年六月二十一日：「那是最可怕的使命，是任何組織所能接獲的最可怕任務：該任務就是要解決猶太人問題。」除了希特勒以外，沒有任何人能夠將一項「任務」或一道「彷彿軍令一般的命令」交辦給希姆萊。經過這番說明之後，戈培爾的見證簡直就顯得多餘。他曾在一九四二年三月二十七日的日記中，對「一種不怎麼引人注目的處理程序」做出了報導（所指即為一九四二年初率先在盧布令[19]設置的毒氣室）：「這裡所使用的是一種相當野蠻、無須詳加描述的處理程序，然後猶太人的痕跡已經所剩無幾……。元首在此亦為激烈解決方案之堅定不移的急先鋒與倡議者。」

爾文為自己的論點所找到的唯一證據，就是希姆萊與希特勒通過電話之後，於一九四一年十一月三十日寫下的簡短記錄：「自柏林運來一批猶太人，不予清除。」這個單一事件顯然被希特勒指示為例外狀況——它事實上已證明了「清除」才是常態。除此之外，希特勒甚至還關心到謀殺行動的細節。這其中的奧妙不難看出：從柏林運猶太人過來的行動未免操之過急，因為當時還沒有輪到德國猶太人。一九四一年十一月的時候，人們仍一心忙於「清除」波蘭與俄國的猶太人。全歐性的「最終解決方案」，則遲至一九四二年一月二十日才在「萬湖會議」中被組織起來。一切都必須進行得中規中矩，況且毒氣室與焚屍爐尚未準備就緒——它們要等到一九四二年才開始被逐步引進。

爾文特別篩選出來的這段插曲，附帶點明了兩個奇特之處，值得我們稍微靠近觀察一下。其中之一攸關德國公眾對大肆謀殺猶太人所持的態度，第二點則為希特勒為他這項受害者最多的罪行所訂出的時間表。

如前所述，希特勒曾於一九四二年一年之內五度公開誇耀此項罪行，不過他只使用了一般性的字眼。他盡可能在德國對細節保密，其理由顯然在於，他預料此一行動不但無法受到認同，反將招致不必要的騷動，甚至連反抗都不無可能──例如「安樂死行動」即因而受到阻撓。

希特勒曾在戰前做過兩次測試，想看出公然對猶太人進行的暴力行動可在德國群眾當中引發何種反應。它們分別為：一九三三年四月一日由「突擊隊」對全國猶太商店進行的抵制行動，以及同樣遍及全國、同樣由上層策動，發生於一九三八年十一月九日的大規模集體迫害行動。後者直到今天仍然被稱作「帝國水晶之夜」。[20]從希特勒

19 盧布令原為波蘭猶太人的主要聚居地之一，納粹的六座毀滅營半數即位於盧布令地區──索比波、麥達內克、貝爾澤克。麥達內克毀滅營甚至位於盧布令市區內。

20「帝國水晶之夜」(Reichskristallnacht)發生的當天，德國全境在納粹的安排下，出現有組織的大規模反猶太行動。猶太教堂被焚毀、猶太人的墓園被玷污、猶太人的商店和建築物則被搗毀。此處的「水晶」指的是滿地的碎玻璃，「帝國水晶之夜」的英文名稱就叫做「碎玻璃之夜」(Night of Broken Glass)。

的角度來看，這兩次行動的結果都相當負面。德國的群眾並沒有跟著動手，反而多方面形成了同情猶太人、義憤填膺和引以為恥等現象——不過也就這麼多而已。各地均未出現公開反抗的跡象，而「帝國水晶之夜」這個用語，不知怎地每個人很快就琅琅上口了。它清楚地顯示出，德國一般百姓眼見一九三八年十一月的不端行為之後所處的窘境：一方面是嘲諷與抗拒，另一方面則是畏縮之下的一廂情願，不想對真正的暴行產生認知，只是把那一切都貶低為破碎的櫥窗玻璃。

希特勒對德國出現的狀況產生了警覺。他固然未曾因此而放過德國猶太人，不過他非常技巧地讓德國大眾有機會裝出一無所悉的模樣，或者讓他們自我欺騙，覺得一切都沒有那麼糟糕。消滅猶太人的行動都發生於德國外面的遙遠東歐腹地，希特勒比較容易爭取到當地百姓的支持，更何況自從開戰以來，謀殺在那邊早就是家常便飯。德國人所聽到的官方講法，就是猶太人僅僅「徙居他處」。希特勒甚至大費周章，盡量不把德國猶太人直接送入毀滅營，反而起初只是把他們運往波希米亞，送入位於德利莎城[21]的大型猶太人隔離區。他們在那邊停留了一段時間，甚至還可以寄明信片給自己的德國友人，最後才被轉運至奧許維茨。

當地所發生的許多事情免不了還是傳回了德國。不過人們只要願意的話，可以繼續對此一無所悉，否則至少也能夠裝出什麼都不曉得的模樣，甚至自欺欺人。大多數德國人都這麼做了，而在猶太人被「犁庭掃穴」的其他那些歐洲國家，大多數居民也表現得沒有兩樣。如果他們想採取抗拒措施，就只會給自己帶來生命危險，況且他們正為戰事所困，光是自己的憂慮就已經多得數不清。他們所能進行的個人冒險行動，頂多只是幫自己的猶太朋友救急，讓他們得以躲藏起來；德國也發生了同樣的事情，只不過不像荷蘭與丹麥那樣頻繁。若欲完全阻止此種罪行，揭竿而起是唯一的辦法。可是在面對戰爭與獨裁統治的情況下，這又怎麼辦得到呢？但無論如何，希特勒所進行的大屠殺曾促使七月二十日的起事者，[22]採取行動來挽救自己的榮譽。例如約克·馮·瓦爾騰堡伯爵[23]即曾於「七月二十日審判」中，遭「人民法院」問及犯案動機——他被

21 德利莎城即特瑞辛，位於波希米亞北部，乃被納粹宣傳為「猶太人天堂」之集中營。西歐猶太人前後共有十四萬四千人被運往該城，其中四分之一死亡，百分之六十被轉運至奧許維茨及其他毀滅營，二戰結束時城內存活的猶太人僅餘一萬九千人。

22 德國反抗運動曾於一九四四年七月二十日進行暗殺希特勒的行動，但功虧一簣。

23 原注：此處人名有所混淆，應為什未林·馮·施萬能菲德伯爵。譯注：約克·馮·瓦爾騰堡伯爵（Graf Yorck von Wartenburg, 1904-1944）與什未林·馮·施萬能菲德伯爵（Graf Schwerin von Schwanenfeld, 1902-1944）皆為暗殺希特勒事件的涉案人，遭納粹「人民法院」判處絞刑。施萬能菲德伯爵曾參加波蘭戰役及任職於德軍反情報部門，對納粹的謀殺行動知之甚稔。

佛萊斯勒[24]高聲喝止以前，仍有足夠的時間說出：「我想到了那許多謀殺。」

德國人在很長的時間之內，將無法洗清袖手旁觀的罪名，不過這並非此處探討的主題。我們的研究對象是希特勒，而且從中可以確定一個有趣的現象，那就是他最重大的罪行未曾完全向其國人披露，因為希特勒並不信任他們。儘管近十年來已經進行了各種反猶太宣傳，他仍無把握可讓他們樂於對自己的猶太同胞大開殺戒。他未能實現自己的心願，將德國人改造成一個肆無忌憚的「主子民族」。或許這正是許多原因之一，使得希特勒在最後幾年內對他們日益輕視，不再積極與之接觸、對其命運越來越漠不關心，到了最後甚至將自己的毀滅意志發揮到他們身上。這將是下一章的敘述範圍。

現在讓我們再一次回到爾文用於為希特勒辯解的證據，即一九四一年十一月三十日希姆萊接獲電話指示，要求不得「清除」當天自柏林運出的一批猶太人。那個時間點非常耐人尋味。它發生於俄軍在莫斯科展開反攻五天之前（俄軍的攻勢使得希特勒認清那場仗已經打不贏了）；發生於向美國宣戰十天之前（對美宣戰為他注定了敗亡的命運）；發生於「萬湖會議」五十天之前，會中對「猶太人問題的最終解決」之組織工作做出了決議，亦即德國和全歐洲的猶太人將在各個死亡工廠內遭到謀殺——在此之前，有系統屠殺猶太人的行動僅局限於波蘭與俄國，而且進行的方式是很麻煩的大規模槍決。

這三個日期之間具有一個顯而易見的關聯性。只要希特勒仍寄望於快速擊敗俄國——類似一年前在法國的情況——他就不會放棄「英國終將讓步」的期待。因為英國失去俄國以後，就等於失去了「在歐陸的最後一把寶劍」。這是他經常表達出來的看法。可是若想讓英方退讓，他必須先成為值得英國進行談判的對象。他在某些國家的一舉一動都會馬上被英國曉得，因此他不能在那些國家以大屠殺者的面目出現。關於在波蘭與俄國所犯下的罪行，他至少還可以希望藉由繼續進行之中的戰事來對外掩飾。但若在法國、荷蘭、比利時、盧森堡、丹麥、挪威以及德國本土大肆謀殺，則勢必立刻被英國識破，以致讓希特勒永遠無法被該國接受。這種情況隨後果真發生：西方盟國於一九四二年一月所宣布的最新作戰目標，就是要「懲罰這些犯罪行為」。

換句話說，唯有在完全放棄與英國和平妥協的希望之後（其中也包含了避免美國參戰的意圖），他才終於得以實現自己長年以來想要滅絕全歐猶太人的心願。希特勒直到一九四一年十二月五日以後才放棄希望，當天俄軍於莫斯科展開反攻，打破了他在

24 佛萊斯勒（Roland Freisler, 1893-1945）為法學博士，自一九四二年起擔任納粹「人民法院」院長，曾親自將二千六百名政治犯判處死刑，乃納粹司法暴力的具體象徵，有「血腥法官」之稱。一九四五年二月三日盟軍空襲柏林時，佛萊斯勒被炸死於「人民法院」。

俄國獲勝的美夢。這必定令他震驚莫名：兩個月以前他還曾經公開宣布，「這個敵人已經躺在地上，而且永遠也沒有辦法再爬起來。」這番震驚促使他出現了「冷若冰霜」和「快如閃電」的轉變。希特勒所得出的結論是，既然再也無法在俄國戰勝，那麼與英國媾和的機會亦已一去不返。那麼倒不如同時也向美國宣戰，顯然他對羅斯福的挑釁行動久久未加反應之後，現在終於可以出一口怨氣。他還可以讓自己更加愜心快意，從此下令在全歐完成「猶太人問題的最終解決」，因為他再也不必顧慮這些犯罪行為對英美兩國所產生的效應。

希特勒的這些措施，固然使得德國難逃戰敗的下場，而且戰敗之後必將出現一個刑事法庭來進行懲罰，可是這一切都無法擾亂其興致。他已經在一九四一年十一月二十七日——即上一章所引述他與丹麥及克羅埃西亞外長的談話——大致表達出這種意思：如果德國無法戰勝，那麼就應該沉淪，而且他不會為之流下一滴眼淚。

總之，一九四一年十二月的時候，希特勒於短短數日之內已針對自己一開始就不斷追求、但互不協調的兩大目標——德國的世界統治權以及滅絕猶太人——做出了最後的決定：第一個目標因為實現無望而遭到放棄，此後就全心全意致力於第二個目標（對這個決定而言，十一月三十日到底還是早了幾天）。現在他更進而置德國的徹底戰敗及一切可能的後果於不顧，終於著手貫徹自己垂涎已久的目標，來滅絕全歐洲的猶太人。

我們在前一章已可不著眼於政治，說明希特勒為何向美國宣戰。現在也能夠從這個角度將其中的原因解釋出來：一九四一年十二月的時候，政治家希特勒永遠退場，把位子讓給了大屠殺者希特勒。

希特勒於戰爭的後半段時期，在政治上表現得完全無所事事和暮氣沉沉，與他起初的政治警覺心和決斷力呈現出極為強烈的對比。我們在上一章已經有機會對之深感訝異，現在那些現象也都可以解釋清楚。希特勒雖然具有極高的政治天分，可是他已經對政治不感興趣——對於他目前唯一仍在追尋的目標而言，那是沒有必要的東西。「政治？我早就不搞政治了。它只會讓我倒盡胃口。」那句話說出來的時間雖然晚在一九四五年初（談話對象是里賓特洛甫派駐「元首指揮總部」的代表黑維爾[25]），不過他從一九四二年開始已有足夠理由說出同樣的話來。一九四一年底以後，希特勒已經不再致力於德國的政策。他所從事的只是謀殺性的胡鬧舉動。

希特勒此刻還在進行，而且做得比過去更加積極的事情，就是指揮作戰。他還需

25 里賓特洛甫（Joachim von Ribbentrop, 1893-1946）為希特勒的外交部長（1938-1945），一九四六年在紐倫堡被判處死刑。黑維爾（Walther Hewel, 1904-1945）原為國際貿易商，曾為希特勒獄友，自一九三九年起擔任外交部常駐元首指揮總部代表，成為希特勒的親信。希特勒死後三日，黑維爾於蘇軍攻占柏林總理府時舉槍自盡。

要領導軍事行動以便爭取時間，用於完成期盼已久的大規模謀殺，同時守住他找得到犧牲品的地區。於是他在一九四二年以後那幾年裡面的戰略，只不過是爭取時間和守住空間。若換成是別人，或許會積極設法在軍事上爭取震撼人心的個別勝利，如此一來說不定仍有機會透過談判來求和。希特勒則最晚從一九四三年初開始，就已經放棄了這種打算。他手下少數主動轉守為攻的將領（例如隆美爾一九四二年夏天在非洲，曼斯坦一九四三年初在烏克蘭），非但得不到他的支持，反而還受到掣肘。即使連那些人也都不再讓他感興趣了。

一切都顯示出來，他從一九四一和四二年之交開始，已經在內心深處接受了最後的失敗。無論如何，他在一九四二年十一月，即已說出一句至今依然家喻戶曉、因為雙關語意而透露出許多內情的名言：「我的原則是到了十二點過五分[26]才會歇手。」在那幾年裡面，儘管盟軍對德國的包圍圈越縮越緊，他在元首指揮總部的桌邊談話卻經常顯得躊躇滿志，有時甚至極為興高采烈。這種現象只能藉由其心中的意識來加以解釋：此刻他所剩下來的唯一目標，距實現之日已經越來越近了，那就好像盟軍的部隊正日益逼近已遭包圍、被炸得稀爛的德國一樣。連續三年之內，歐洲各地的猶太家庭日復一日被從自己家中或藏身之處押走、被運往東方，然後赤身露體被驅趕進入死亡工廠，焚屍爐的煙囪就這樣日夜不停地冒出濃煙。希特勒在這最後三年裡面，再也無法享受到類似過去十一年內的成就，可是他很容易就可以放棄那種享受。因為他從未有過像現在這樣的機會，能夠放棄最後的顧慮，好好享受殺人者的樂趣，隨心所欲處理手中的犧牲品。

對戰爭最後三年半的希特勒而言，那場仗已經形同一場比賽，而且他仍然希望贏得比賽。可是何者將率先抵達終點——是希特勒與他的滅絕猶太人行動？或是盟軍與他們旨在征服德國的軍事攻勢？盟軍還需要三年半的時間才得以抵達終點；此刻希特勒距離自己的目標卻已經近得嚇人了。

26 德國俗語原來的講法是「十二點差五分」，意為「時機緊迫」或「大難即將臨頭」。

第7章

背叛

Verrat

一九四五年，希特勒在整個德國留下一片荒漠。不但是物質上的荒漠，還是一個政治上的荒漠：不但布滿了屍體、瓦礫、廢墟，以及數百萬無家可歸、三餐不繼、流離失所的百姓，還有土崩瓦解的行政體系和一個已經覆亡的國家。希特勒在戰爭的最後幾個月內，於自覺之下導致兩種情況發生──百姓的悲慘生活和國家的毀滅。他甚至還想做出更等而下之的事情：其最終的德國方案就是民族的死亡。希特勒至少在自己的人生最後階段已經蓄意背叛德國。

有一個事實非常耐人尋味，不過它卻很奇怪地未曾廣受注意：慘遭希特勒犯下最重大罪行的那些民族，並未受到最嚴重的傷害。

蘇聯因為希特勒而損失了至少一千二百萬人（該國自己的統計數字則為二千萬人），[1]但在希特勒迫使之下所激發出的巨大潛能，使得該國躍升為超級強國，獲得了前所未有的地位。波蘭有六百萬人被希特勒殺害，縱使把波蘭猶太人扣除不計的話，該國也死了三百萬人。可是希特勒的戰火所造成的結果，使得波蘭具有較戰前更加優越的地理條件，[2]其民族團結得更為緊密。猶太人是希特勒企圖消滅的對象，而且他在自己權力所及的地區內幾乎實現了此一目標。希特勒的滅絕措施雖導致四百萬至六百萬名猶太人喪命，卻為悲痛之下的浩劫餘生者注入新的能量，使之具備建國所必需的能力。猶太人蹉跎了將近兩千年的光陰，終於在希特勒身後再度擁有自己的國家，一個自豪而有著榮耀事蹟的國度。若無希特勒就不會出現以色列。

平心而論，英國受到了希特勒更大的傷害。可是希特勒根本就無意對英國作戰，縱使開始交手之後，他仍然不斷三心二意只使出了一半的力氣。但英國因為「希特勒戰爭」，不僅失去了自己的帝國，而且不再是以往的世界強權。法國以及大多數西歐國家和民族，也因為希特勒的影響，在類似的情況下陷入地位衰落的窘境。

從完全客觀的角度來看，受到希特勒最大傷害的國家卻是德國。德國同樣因為希特勒而付出了可怖的人力犧牲，損失共超過七百萬人，多於猶太人和波蘭人，唯獨俄國人的流血多過德國——其餘交戰各方的人口損失皆完全無法與此四者相提並論。蘇聯和波蘭於可怖的流血犧牲之後反而較之前更為強大，而若無猶太人的大浩劫就不可能會有以色列這個國家存在。與此同時，德國卻從地圖上消失了。

因為希特勒的緣故，德國不但與各個過去的西歐強權同樣面臨地位下降的情況，並且損失了原有國土（其「生存空間」）的四分之一。剩餘的國土遭到分割，分裂出來的兩個德國各自隸屬於兩個敵對陣營，彼此處於違反自然的劍拔弩張狀態。今天至少在兩德之中較大的一方——德意志聯邦共和國——終於又可以過著不錯的生活，但這並非希特勒的貢獻。一九四五年的時候，希特勒在整個德國留下一片荒漠。那不但是物質上的荒漠，而且許多人已經忘記了它還是一個政治上的荒漠：布滿了屍體、瓦礫、廢墟，以及數百萬無家可歸、三餐不繼、流離失所的百姓，還有土崩瓦解的行政體系和一個已經覆亡的國家。希特勒在戰爭的最後幾個月內，於自覺之下導致兩種情況發

1 依據「俄羅斯聯邦」二〇〇五年五月七日公布的正式官方統計數字，共有二千六百六十萬蘇聯公民於二戰中喪生。

2 二戰結束後，波蘭東部被併入烏克蘭與白俄羅斯，但該國自德國取得東普魯士南部、波美拉尼亞與西里西亞作為補償，並獲得了綿延的海岸線以及但澤、斯德丁等良港。

生——百姓的悲慘生活和國家的毀滅。他甚至還想做出更等而下之的事情：其最終的德國方案就是民族的死亡。希特勒至少在自己的人生最後階段已經蓄意背叛德國。

今日年輕一代的德國人對此的認識，再也不像身歷其事者那般清楚。關於最後幾個月的希特勒，反而出現一個迷思：那個迷思雖然說不上是恭維，卻在一定程度內替希特勒開脫，使之無須對一九四五年德國的垂死掙扎負責。若按照其說法，戰爭末期的希特勒只不過是自己的影子、一個重病纏身的行屍走肉；他已經喪失決斷力，只能像癱瘓了一般眼睜睜望著災難在身旁發生。這種普遍流行的論點，將一九四五年一月至四月間的情況描繪成如下的景象：希特勒掌控事件的能力已蕩然無存，光是躲在掩體裡面指揮早就不存在的部隊。他有時失去自制而陷入暴怒，時而又如槁木死灰般地聽天由命，但幾乎直到最後一刻都還在柏林的瓦礫堆中，對「最後的勝利」做出幻想。一言以蔽之，他已經昧於現實，而且於相當程度內再也無法為自己的行為負責。

這些畫面根本無關宏旨。希特勒的健康狀況固然在一九四五年已經大不如前：他確實相當老邁，並於作戰五年以後神經嚴重受損（但邱吉爾與羅斯福亦無不同），同時他日益明顯的意識模糊和越來越頻繁的暴跳如雷，確實令扈從驚懼不已。可是假如我們禁不住誘惑，以致用效果十足的黑黃相間色彩將之描繪出來，並沉緬於「諸神的黃昏」那樣的氛圍中，那麼很容易就會忽視了一點：希特勒的決斷力和貫徹意志的能力，剛好於其在世的最後幾個月內重新臻於巔峰。反倒是此前的階段才出現了某種意志薄弱和墨守成規、不知變通的現象。例如一九四三年時，戈培爾即曾憂心如焚，於其日記中表示「元首陷入危機」。甚至一九四四年上半年的情況也沒有兩樣。可是當希特勒面臨戰敗的時候，卻彷彿受到了電擊而完全恢復原樣。他的手掌雖然從此不斷顫抖，可是這隻顫抖手掌的抓力仍然（或「再度」）具有強烈的致命性。一九四四年八月至一九四五年四月之間，原已尸居餘氣的希特勒卻咬緊牙關，出現了堅定的決心和活躍的行動。這不但令人驚訝，在某種程度內簡直稱得上是「可敬可佩」。只不過他的堅定決心和活躍行動均指向同一個目標。這種趨勢日益顯著，到了最後更已無可置疑——雖然它完全出人意料之外，到了今天又令不少人覺得難以置信。那個目標就是：要完全毀滅德國。

此一目標起初仍無法明確辨識，到了最後卻顯而易見。希特勒末期的政策又可清楚劃分為三個階段：在第一個階段（一九四四年八月至十月），他成功使得那場已經打敗的戰爭無法半途而廢，促成了最後的決一死戰。在第二個階段（一九四四年十一月至一九四五年一月），他出人意外向西方發動了最後一次攻勢。[3]到了第三個階段（一

3 此次攻勢指的是一九四四年十二月十六日至二十七日之間的「突出部戰役」（亞登戰役）。希特勒於此戰役中耗盡了德軍的預備兵力。

九四五年二月至四月），他就像一九四一年底之前致力於征服，或一九四二至四四年之間致力於消滅猶太人一般，以同樣充沛的精力來全面摧毀德國。為了明瞭希特勒此一最終目標如何逐漸演變成形，現在我們有必要較仔細觀察一下他在最後九個月內的舉措。

純就軍事方面而言，一九四四年八月底的戰局與一九一八年九月底相當類似。那時德國的軍事獨裁者魯登道夫[4]完全放棄了希望。也就是說：按照常理來判斷，戰敗已經勢所難免，最後的下場早就不言而喻。只不過結束的時刻尚未到來，而且戰敗得還不夠徹底。甚至從兩個方面來看，德國還不算打敗仗：一則敵軍尚未侵入德境，同時一九一八年仍不無將戰事多拖延一年的可能，以致出現類似一九四四和四五年之交的情況。

魯登道夫面對這種頹勢時得出一項著名的結論，用他自己的話來說就是：「必須結束戰爭。」他促成德方提出停戰要求，並將自己的政敵延攬入閣，以便停戰要求更能夠取信於人，同時減輕德國談判代表的負擔，使之更具談判能力。魯登道夫找來的「破產管理人」（「他們應該自己解決難題」）後來卻遭他指控，表示他們在所向無敵的軍隊背後「捅了一刀」。[5]這個事後的舉動難免讓他一九一八年九月的作為顯得居心叵測。不過從就事論事的角度來看，當時他眼見覆敗在即，於是做出了負責任的愛國者應有的行為，旨在避免讓自己的國家陷入最惡劣狀況，並設法拯救還可以救得了的東西。

希特勒在一九四四年八月二十二日的動作，與一九一八年九月二十九日的魯登道夫卻恰好相反：那天希特勒在所謂的「暴風雨行動」中，一口氣逮捕拘禁了大約五千人。那些人曾於威瑪共和時代擔任過部長、市長、國會議員、政黨要員或行政官員，其中也包括了康拉德·艾德諾[6]以及庫爾特·舒馬赫[7]這兩位日後「聯邦共和國」成立之初的要角。這種類型的人物，正是魯登道夫面對類似局面時託付政權的對象，並委

4 魯登道夫（Erich Ludendorff, 1865-1937）曾擔任興登堡的軍團參謀長，在坦能堡大敗俄軍。一九一六年八月至一九一八年十月之間，魯登道夫配合興登堡統領德軍最高指揮部，成為軍方的實際領導人並主宰德國政局。一九一八年九月二十九日，魯登道夫眼見敗象已露，乃要求立即展開停戰談判。德國戰敗後，他與極右派密切往來，曾參與一九二三年希特勒的「啤酒館政變」。

5 一九一八年八月十四日，魯登道夫和興登堡曾於作戰會議中向德皇表示已無戰勝可能，九月二十九日即催促文人政府進行停戰談判。一九一九年十一月十八日，二人卻向威瑪共和國國民議會的「戰敗原因調查委員會」表示：德軍失利的原因，就是有政治人物「在背後捅了一刀」。

6 康拉德·艾德諾（Konrad Adenauer, 1876-1967）為威瑪時代中央黨的政治人物，曾任科隆市長（1917-1933）及普魯士參議院主席（1920-1933），一九三四及四四年兩度遭納粹下獄。艾德諾於一九四五年在英軍占領區創立「基督教民主聯盟」，並成為西德首位總理（1949-1963）。

7 庫爾特·舒馬赫（Kurt Schumacher, 1895-1952）為威瑪時代的社會民主黨國會議員，希特勒上台後被關入集中營十年，因病獲釋不久又於一九四四年再度入獄。舒馬赫於戰後擔任社民黨主席，成為艾德諾的政敵。

由他們出面結束戰爭——他們可稱得上是德國的政治預備隊。魯登道夫眼見敗象已露，於是將他們請來為國家掌舵，希特勒卻在同樣的情況下把他們通通抓了起來。他所採取的行動當時未被公開，但很奇怪的是，今天的歷史撰述也未曾留意於此，通常只是將之與追捕七月二十日起事者的工作聯想在一起。但二者之間其實並無關聯。那個行動反而首度顯示，希特勒企圖採取一切措施，以預防像一九一八年那樣，重新出現在其看來「過早結束的戰爭」：他已經下定決心，縱使見不到希望，也要繼續戰鬥至淒慘的末日——按照他自己的講法，那叫做「到了十二點過五分」——而且他不肯讓任何人進場攪局。

在此情況下做出來的決定可以有兩種不同的解釋。歷史上凡是面臨戰敗的時刻，都會出現兩種思維方向和兩種行為模式，我們可分別稱之為「務實型」與「英雄型」：前者的出發點是盡量把最重要的東西拯救下來，後者則希望留下一段激盪人心的傳奇故事。二者視實際狀況的不同皆可言之成理，後者甚至能夠理直氣壯地表示：鹿死誰手猶未可知，表面上看似難逃的劫數往往的確可以扭轉過來。在德國歷史上，腓特烈大帝曾經對此做出了著名的示範。他在一七六〇年時所面臨的情況，與一九一八年時的魯登道夫和一九四四年時的希特勒完全相同。後來腓特烈因為那場「布蘭登堡王室的奇蹟」，也就是始料未及的俄國皇位更迭及改變結盟對象，得到了拯救。[8]假如他當時立刻認輸的話，那個救了他一命的偶發事件勢將來得太遲。不過，奇蹟到底只是歷史的例外而非常態。若有誰一心寄望於奇蹟發生，就等於在玩中獎率奇低的彩券。

腓特烈的示範，曾於二戰的最後一年經由德國宣傳機器大肆渲染。至於它是否確實在希特勒的動機之中扮演了重要的角色，這是非常值得懷疑的事情，因為現代的全民戰爭畢竟與十八世紀的「內閣戰爭」[9]有所不同。對希特勒的動機更加具有決定性意義的事件，反而是一九一八年十一月的負面示範。我們可以回憶一下，一九一八年十一月出現了把希特勒喚醒的經歷。那場令他憤而落淚的敗仗（在他看來是過早結束的戰爭），成為來自其青年時代永難磨滅的經歷；他下定決心，絕不允許出現第二個一九一八年十一月，這就是當初促使他立志從政的主要動力。現在時候到了，現在希特勒可謂抵達了目的地：一九一八年十一月的狀況已經近在眼前。這回希特勒有能力來加

8 「七年戰爭」（1756-1763）後期，普魯士國王腓特烈二世在奧、俄、法三強夾攻下已岌岌可危，柏林幾度失守。一七六二年初，親普魯士的俄國沙皇彼得三世登基，除主動停戰外並與普魯士締結盟約，腓特烈乃得以反敗為勝。普魯士國王原為「布蘭登堡選侯」，這個突發事件因而也被稱做「布蘭登堡王室的奇蹟」。

9 有鑑於「三十年戰爭」（1618-1648）殺戮極為慘重，歐洲各國之間的戰爭一度改為以迂迴戰及運動戰為主（類似棋局），變成了「國王的遊戲」。各國皆軍民分治，軍隊純由職業軍人組成，百姓則不受戰爭干擾。戰敗一方的主帥就「光榮投降」，然後某些省分在國與國之間來回轉手。這種戰爭形式被稱作「內閣戰爭」，一直延續至法國大革命爆發之前。此後的戰爭形式被克勞塞維茨稱作「人民戰爭」，即全民戰爭。

以阻止，而且他對此有著堅定不移的決心。

同時不難看出的是，此刻他再度燃起了一九一八年時對那些德國「十一月罪犯」──他自己的同胞──所產生的恨意。希特勒曾在《我的奮鬥》一書中，怒氣沖天地認同了一位所謂的「英國記者」一九一八年以後的說詞，並加以引用：「每三個德國人之中即有一人為叛徒。」到了現在，若有任何德國人膽敢說出合情合理的想法，表示這場仗已經打輸了，並讓人看出自己有意存活至戰敗以後的話，都會被他毫不留情地下令絞死或送上斷頭台。希特勒一直充滿了仇恨，而且其心中向來對殺戮滿懷喜悅。仇恨就是希特勒內在的謀殺驅動力，使得他連續多年荼毒猶太人、波蘭人和俄國人。現在仇恨的力量也已公然轉而發洩到德國人身上。

無論如何，希特勒於一九四四年夏末秋初之際，再度展現出活力與貫徹力，這教人回想起他最強而有力的時期。在八月底的時候，西戰場幾無防線可言，而東戰場按照希特勒自己的說法，已經「孔洞多於防線」。到了十月底，兩個戰場再度有了防線，盟軍的攻勢已遭阻擋。希特勒在國內則編組了「國民突擊隊」，所有年屆十六至六十歲之間的男子皆被動員參加全民戰爭。為了提高士氣，希特勒更積極散播謠言，宣傳其手中握有的「神奇武器」。但實際上是美國而非德國擁有原子彈，那才是一九四五年時真正的神奇武器。同時有一件事讓人想了就不寒而慄：希特勒在一九四四年秋讓德國重新嚴陣以待，以進行他準備持續下去的既激烈又血腥的整體防禦戰。倘若此事成真的話，那麼遭受第一枚原子彈轟炸的國家將是德國而非日本。

正是希特勒本人才使得此事未能成真：為進行防禦戰而募集的兵力，於拼湊完畢之後不久就被他化為齏粉。一九四四年十一月，他決定再度採取攻擊行動，而且是向西方出擊。一九四四年十二月十六日，德方在亞登地區展開了最後一場攻勢。

關於亞登攻勢這方面，現在我們必須採取有異於描述二戰其他軍事行動的做法，對之做出較詳細的說明。因為它不只是一段插曲而已，它還攸關日後的四國占領區，以及將德國一分為二的邊界。同時，希特勒從這個行動開始轉而與自己的國家為敵。

亞登攻勢與二戰其他的軍事行動比較起來，是希特勒最個人化的工作。就軍事觀點而言，它更是一個瘋狂的舉動。在當時的作戰技術條件下，成功的攻擊行動至少需要三比一的兵力優勢。可是一九四四年十二月的時候，德軍在西線的地面部隊居於一比一以下的劣勢，更何況盟軍掌握了絕對的空中優勢。於是較弱的一方撲向了較強的一方。縱使希特勒只想在攻擊線暫時取得局部的兵力優勢，也必須把防守東戰場的單位抽調一空。他果真那麼做了，雖然當時出掌參謀本部的古德里安曾於絕望之下多次提出警告，表示俄方正集結部隊準備大舉進攻。希特勒於是做出了雙重的孤注一擲行動：如果西線的攻勢失利（按照當時的力量對比這是不難想像的事情），不僅將耗盡日後防禦德國西部地區所需的兵力，而且若俄軍展開攻勢的話（這同樣是指日可待的事情），那麼亞登攻勢現在就已經使得東線的防務變得毫無指望。

那兩個事件隨即均告發生：亞登的攻勢遭到挫敗，而俄軍開始進攻。濃霧瀰漫的天氣起初將盟軍的機群困於地面，為希特勒製造出有利的條件。儘管如此，他也只在聖誕節之前的短短幾天內獲得了不盡理想的戰果。接著天氣開始放晴，主攻的兩個德國裝甲軍團於聖誕節期間被來自空中的攻勢擊潰，其殘部在一月的第一個星期又退回攻擊發起線。一月十二日那天，俄軍突破了德方在東戰場的薄弱防線，一股作氣從維斯杜拉河挺進至奧德河畔。[10]這些都是事先料想得到的事情，而且古德里安曾於絕望之下，一再提出數據向希特勒極言直諫。但是希特勒什麼話都聽不進去。亞登的反撲行動是他一個人的主意——這是他倒數第二個此類的決定（我們還將看見他最後的決定）——他堅持必須把這個行動頑強進行到底。

他為什麼要那麼做？這直到今天都還是一個謎，找不出軍事上的理由。今日流行的論點是把希特勒描繪成一個軍事門外漢，然而他並非如此。其軍事方面的知識足以使他對那個行動的勝算不抱任何幻想。他固然事先曾將參與行動的高級軍官集合起來激勵一番，並向他們灌輸勝利的假象，可是這不足以證明他自己就相信那種講法。

首先會讓人臆測到的解釋，就是外交上的動機。縱使西線的攻勢徒勞無功，縱使希特勒因為西線而削弱了自己在東線的力量，於俄軍入侵之際讓德國東部門戶洞開，他亦可藉此向西方的領導人發出一個訊號：現在希特勒眼中的主要敵人已經變成了他們，而不再是俄國；他有意把剩餘的兵力全部投入西線，即使讓整個德國被俄方占領也在所不惜。這可以如此表達出來：希特勒有意迫使西方盟國在國家社會主義的德國或布爾什維克化的德國之間做一選擇，並向他們提出一個問題：「你們比較喜歡讓誰待在萊茵河畔——是史達林呢，還是本人？」他或許依然相信，西方的當政者會把他列為優先考慮。假如他果真那麼想過的話，那當然就大錯特錯。羅斯福在一九四五年確信可與史達林進行有益的合作。邱吉爾雖然不同意這種看法，可是在必須做出選擇的時候，他寧可要史達林也不會要希特勒。希特勒進行的大屠殺使得他在西方完全無法被人接受，但可以想像的是，或許他自己和希姆萊一樣，都沒有看出這一點。希姆萊甚至在四月的時候，還向西方列強提出了一個幼稚的請求：希望在西線投降，然後與西方合力在東戰場繼續作戰。

縱使希特勒看出了這一點，但仍有跡象顯示，他自己做出的選擇是：一九四五年時寧可在東線也不願在西線戰敗——這完全與他的德國同胞相反。後者只要一想到俄

10 維斯杜拉河位於波蘭中部，奧德河則為今日德國與波蘭的界河，與柏林最短的直線距離約為八十公里。

國人將蜂湧而至就心驚膽戰。此時他們當中的許多人，已將美國和英國的占領視為一種解脫，開始心嚮往之。希特勒對史達林的敬意，卻隨著戰事的發展與日俱增，同時他對邱吉爾和羅斯福衍生出越來越深的恨意。於是有人想像希特勒出現了一種具有雙重含義的念頭，並將之表達如下：或許在西戰場展露極度的戰鬥決心，並將東戰場迫在眉睫的敗績置之不理，就可以讓西方強權心生驚嚇，於是在最後一刻還是願意做出妥協。即使他們無意如此，那也沒關係。因為東戰場將出現真正的慘敗，而西方強權將會發現這對他們並無裨益。不過必須承認的是，這是一個非常拐彎抹角的思考方式。

但我們也可以用一種比較不複雜的方式，對希持勒當時的想法做出推斷：他此時的主要動機已不再出於外交因素，而是基於內政方面的理由——也就是說，那實際上是針對自己的民族而來。德國廣大的百姓群眾與希特勒之間，已經在一九四四年秋季出現了裂痕。德國百姓已不願意為希特勒進行困獸之鬥，只希望一切都像一九一八年秋季那般趕快成為過去。他們想要停戰，並盡可能爭取到傷害較輕的停戰，也就是要在西線停止作戰。他們想把俄國人擋在外面，並把西方列強迎進門來。到了一九四四年底，這已經成為絕大多數德國人私底下的戰爭目標。希特勒卻藉著亞登攻勢，給他們澆上一頭冷水。他沒有辦法把持有那種想法的人全都抓去砍頭，因為人數實在是太多了。更何況他們大多數人死也不敢說出自己心中的念頭。但是希特勒可以把一件事情安排妥當：假如他們不願意跟著他一起赴湯蹈火的話，就會被拱手交給來自俄國方面的報復。德國百姓盼望美軍和英軍的占領能夠帶來拯救，希特勒卻可以讓他們死了這條心，而且他已經在怒火中燒之下決定要這麼做。從這個角度來看，亞登攻勢——在軍事上是一個瘋狂行動，在外交上頂多也只不過是估算上的失誤——突然有了清楚的意義。這應該才是正確的觀察角度，可是這也意味著希特勒此時已在推行反德國和反德國人的政策。

有一項事實亦為此提出了證據，那就是希特勒展開亞登攻勢之後，已經很明顯地拋棄了一九四四年八月時的防禦構想。該構想的用意在於製造出漫無止境的恐怖：在所有的戰線持續頑強抵抗，當軍隊敗退以後，就在一切失土上面進行總體性的人民戰爭。可是亞登攻勢實際上反而以結束恐怖作為收場，因為它透過一場絕無勝算的最後攻擊戰，燃盡了己方剩餘的軍事力量。若有人提出疑問，為什麼希特勒突然改變了主意？其實答案早已呼之欲出：他發現總體性的人民戰爭再也不可能出現，因為德國百姓不願進行這樣的戰爭。他們的想法和感覺，已經與希特勒的想法和感覺不再相同。好吧，那麼他們就必須為此受到懲罰——而且是以死亡作為懲罰。這就是希特勒做出的最後決定。

我們還可以喋喋不休，爭論這個決定是否在亞登攻勢時即已隱然成形。但無論如何，那個決定已經以明確萬分而且無可置疑的方式，出現於一九四五年三月十八日和三月十九日的元首指令當中。希特勒透過它們對德國下達了民族誅殺令。

此時俄軍已經兵臨奧德河畔，美軍也已經渡過了萊茵河。西方與東方的盟軍再也無法被阻擋下來，他們於數週之內即可在德國中部會師。[11]德國百姓在東部和西部的交戰地區與撤退地區，做出了截然不同的表現：東部的百姓大規模逃亡；西部的百姓則滯留原地，在窗外懸掛白色桌布和床單作為投降的標誌，並懇求德國軍官不要再防禦其村落或城鎮，以免它們在最後一刻遭到毀滅。

希特勒在那兩道元首指令當中的第一個（頒布於三月十八日），對西部百姓的這種態度做出了回應。他下令在德國西部遭到入侵的地區，「立即從主戰場的後方開始，將百姓悉數撤離」。這個指令下達於當日舉行戰情會報的時候，此刻令人料想不到地出現了異議。艾伯特．施佩爾[12]曾經對此做出報導（他從前是希特勒的建築師，當時擔任軍火生產部長，乃曾經目擊過末期希特勒而目前唯一在世的人）：

> 一位在場的將軍試圖勸阻希特勒，表示撤離數十萬名百姓是無法執行的任務，因為不但已經完全沒有火車可供調配，而且交通早已全面陷入癱瘓。希特勒卻不為所動，回答道：「那麼他們就必須步行！」那位將軍插話進來，指出這同樣是無

法安排的工作，既然必須引領人群穿越少有人煙的地區，就必須為他們準備食物，況且那些百姓並沒有適用的鞋子。希特勒依然沒有被他打動，不待他講完便把話題叉開了。

德國西部的居民勢將悉數被迫在得不到照料的情況下，漫無目標地徒步前進。我們可稱之為「死亡行軍」，這等於是企圖進行大屠殺，只不過此次的對象變成了德國人。這道命令才剛發布，他又在三月十九日下達第二道元首指令，此即所謂的「尼祿命令」。其意圖已經清楚得無以復加，就是要奪走德國人——而且是所有的德國人——任何繼續生存下去的機會。這道命令中最具有決定性的一段文字內容是：

帝國境內凡可供敵方運用，立即或在可預見的將來用於繼續作戰之軍事、交通、通訊、工業、物資供應設施及貴重物品，必須一概加以銷毀。

11 美軍與蘇軍於一九四五年四月二十五日在易北河畔的托爾高會師。

12 艾伯特．施佩爾（Albert Speer, 1905-1981）於納粹德國戰敗後在紐倫堡被判處二十年徒刑。一九六六年出獄後從事寫作，一九八一年卒於倫敦。本書於一九七八年初版時，施佩爾仍在世。

依據施佩爾的見證，當他對此提出抗議之後，希特勒以「冷冰冰的語調」做出了說明：

> 如果戰敗的話，民族也會跟著失敗。那麼德意志民族維繫其最原始存活方式所需的基本條件，就沒有加以顧慮的必要。比較恰當的做法，反而是自行把那些東西毀掉。那是因為這個民族已經證明自己是較弱的一方，而未來則屬於較強大的東方民族。反正歷經這場奮鬥之後只有次等的人留存下來，因為優秀的人已經陣亡了。

我們還記得，前面曾經引用過希特勒於首度面臨戰敗危機時，早在一九四一年十一月二十七日即已說出的言論。現在我們不妨回憶一下希特勒當時的講法：「本人在這一方面同樣冷若冰霜。如果德意志民族不再強韌、不準備做出充分的犧牲、不願意為自己的生存流血的話，那麼就應該沉淪，被另外一個更強大的勢力所毀滅……。屆時我不會為德意志民族流下一滴眼淚。」現在時候到了，而且這回他完全認真。

希特勒分別發布於一九四五年三月十八日和十九日的兩道命令，已經無法被徹底執行。否則德國人就會像兩年前戈培爾口中的猶太人一樣，沒有幾個人能夠存活下來。

施佩爾做出了最大努力來妨礙那道毀滅命令被順利執行。此外還有其他的納粹幹部出於畏懼，不敢把命令貫徹到底；直接受到波及的人往往也或多或少採取了成功的行動，以抗拒自己所賴以生存的最基本條件遭到毀壞。最後，盟軍幾乎在未遭激烈抵抗的情況下，暢行無阻地快速向前推進，這才使得德國人免於落入希特勒最後打算強加給他們的悲慘命運。

但是我們不可因此而誤以為希特勒的最後指令完全落空，無法再產生任何實質的效果。一九四五年三月中旬的時候，德國仍有部分領土未遭占領。元首指令在那些地區依舊為至高無上的法律，而納粹黨和黑衫隊的幹部及狂熱分子當中，仍然有人心中抱持與其元首相同的想法和感覺。於是在最後的整整六個星期裡面，他們與敵方的飛機和大砲進行競賽，搶著對德國進行最後的毀滅。從許多報導當中亦可看出，大多數德國城市及鄉間地區的百姓，在戰爭的最後數週內同時遭受雙方砲火轟擊，而且己方的破壞特遣隊和黑衫隊所派出的巡邏隊，甚至較敵軍更加令人害怕。敵人的部隊——至少是西方的盟軍——並未著眼於摧毀「德意志民族維繫其最原始存活方式所需的基本條件」。

希特勒要求自己人貫徹的旨意，確實比敵方的意圖還要來得狠毒。其結果就是，從此快速挺進的敵方占領軍，至少在西部地區被絕大多數百姓視為拯救者。美軍、英軍和法軍原本以為將面對一個由國社黨人組成的民族，結果卻遇見一個幻想徹底破滅、不想再與希特勒有任何瓜葛的民族。當時他們還以為那只不過是見風轉舵的虛情假意而已，事實上卻只有極少數人如此。百姓確實感到被自己的元首欺騙，而且這種感覺非常有道理。盟軍所進行的「再教育」工作，更早已由希特勒本人於其在世最後數週內，以激進的方式加以完成。德國人在那幾個星期之中的遭遇，可以拿來與一個不幸的女子相提並論：她的情人突然露出了謀殺者的真面目，女子只得放聲尖叫向公寓內的鄰居求救，希望他們趕快過來制服她從前交往的對象。

我們可以直截了當地將實情表達如下：希特勒在一九四五年三月十八和十九日所發布的毀滅令，已不再與一九四四年秋季「英雄式的最後決戰」具有任何關聯。對「英雄式的最後決戰」而言，把數十萬德國人送上通往內地的死亡之路，同時又在該處將「維繫其最原始存活方式所需的基本條件」一概加以摧毀，這是毫無助益的做法。更確切的說法是：希特勒最後的屠殺對象變成了德國，此一行動的目的只可能是為了懲罰德國人，因為他們無法對進行「英雄式的最後決戰」表達出足夠的意願。也就是說，他們到了最後意圖規避希特勒為他們安排的角色。這在希特勒眼中是罪不容誅，而且這是他一貫的反應。如果有任何民族不願接受他所指派的角色，那肯定是死路一條——這也是其一貫的想法。就此而言，希特勒於戰爭末期轉而謀殺德國人的做法，與其早年轉而謀殺波蘭人的行動呈現出奇特的相似之處。

希特勒起初並未將波蘭人列為大肆屠戮的對象，此為有異於猶太人與俄國人之處。他安排給波蘭人扮演的角色，反而與羅馬尼亞人非常類似：在希特勒策劃已久的對俄征服戰中，擔任次一等的盟友和「助手民族」。他們拒絕扮演這種角色，才是希特勒對波蘭作戰的真正原因。但澤[13]並非開戰的導火線，因為當地多年以來已在波蘭政府全面認可之下，由國社黨出掌市政執委會，完全依照希特勒的意願來施政。但澤只不過被當作藉口而已。其中耐人尋味之處則為，希特勒以武力擊敗波蘭之後，並未利用此次戰爭機會來實現自己最初的目標，強迫波蘭人接受當初被他們拒絕的盟友角色。雖然那才是政治上前後一致的做法，而且就當時的情況看來未必是辦不到的事情。可是現在他拿波蘭人出氣，將之變成一個為時長達五年、既無意義又極度猖狂的懲罰與報復行動之對象。此際他首度摒棄了政治上的理性，讓自己的毀滅本能恣意妄為。希特勒除了是天資甚高的政治人物之外，其內心也一直有大屠殺者的成分存在。他的謀殺本能起初只選定了猶

13 但澤今稱格但斯克，原為西普魯士首府，百分之九十五的居民為德裔。一戰結束後，戰勝國將但澤自德國分割出去，成為國際聯盟託管的自由市，其海關、港口及鐵路則受波蘭管轄。波蘭曾在但澤市民反對下，於但澤所屬的西洲半島駐軍並設立彈藥庫，第二次世界大戰即爆發於德艦對西洲半島的砲擊（一九三九年九月一日凌晨四點四十五分）。但澤於希特勒戰敗後被併入波蘭，其德裔市民則遭驅離。

太人和俄國人作為犧牲品，可是當他的意志受到挫折之後，其謀殺本能即壓倒了政治上的考量。戰爭爆發之初他對波蘭如此，戰事將盡之際對德國亦復如是。

當初希特勒無疑曾為德國人安排了遠較波蘭人重要的角色：起先是征服世界的主子民族，後來至少也應當是抗拒全世界的英雄民族。可是德國人到了最後再也不能如其所願，不論那是出於軟弱怠惰還是「罪有應得」的抗命行為。於是他們也成為希特勒宣判死刑的對象：他們「應該沉淪並被毀滅」，這是我們已經多次引用過的言論。

希特勒與德國之間的關係，自始即呈現出頗不尋常之處。有幾位英國歷史學家嘗試於二戰時提出證明，宣稱希特勒乃整部德國歷史預先注定的產物，而且從馬丁・路德以降，中間穿過腓特烈大帝和俾斯麥，有條一脈相承的直線通往希特勒。不過事實剛好與此相反。希特勒並非系出德國的傳統，更遑論是新教與普魯士的傳統。後者的傳統，就是以冷靜無私的態度來公忠體國——腓特烈與俾斯麥皆不例外。然而希特勒最難讓人發現的特質，就是以冷靜無私的態度來公忠體國，縱使在戰前最功業彪炳的時期也是如此。他蓄意藉由總動員全民的力量，進而透過自己的無法被免職和不可被取代，使得德國的國家體制一開始就淪為犧牲品（其中同時包括了法治國家和國家秩序這兩方面）——我們在前幾章已經對此做出了說明。他很有計劃地以集體的癡狂取代了冷靜的理性；在整整六年的期間當中，他可說是把自己像毒品一般注射給德國人，隨即卻在打仗的時候突然幫他們戒除了這個毒癮。就「無私」這方面而言，希特勒則正好是最極端的例子，顯示出一個政治人物如何將自己的使命感置於一切之上，並以個人的生涯作為施政之尺度。但我們已無須對此詳加複述。

若回想一下之前對希特勒政治世界觀所做的描述，我們便可再度注意到，他所著眼的對象並非國家，而為民族與人種。這附帶解釋了為何他的政治行動是如此粗糙，同時也說明了他為何沒有能力把軍事上的勝利轉變為政治上的成就：歐洲的政治文明——德國當然也包括在內——自從「民族大遷移」結束以後，就把戰爭以及戰爭的後果限制在國家的架構之內，而不會觸及民族或人種。

希特勒不是政治家，他光憑這一點就不足以在德國歷史上留名。他甚至無法像馬丁．路德那樣，可被稱作是親民的人物。希特勒唯有在一點上面與之有共通之處，即他是德國歷史上獨一無二的現象，前無古人、後無來者。不過路德在許多方面剛好體現出德國的民族特性；希特勒的個人特質之於德國民族特性，卻大致相當於他的黨大會建築物之於紐倫堡，[14]那就彷彿揮到眼前的拳頭一樣。德國人即使在最信仰元首的那

14 紐倫堡被納粹稱為「帝國黨大會的城市」，一九三三至三八年之間，納粹每年九月都在該地舉辦全國黨大會。希特勒並曾下令在紐倫堡東南市區廣達十一平方公里的黨大會場地，興建許多大而無當的建築物。

個階段，仍然多少保存了看出這一點的能力。他們的景仰之中也夾雜著若干驚訝的成分。令其驚訝的地方是，正好是他們出乎意料，獲得了像希特勒那般具有強烈外來風格的人物。對他們而言，希特勒是一個奇蹟，是「上帝派來的使者」。若使用較不聳動的講法，他也一直意味著像謎一般從外面空降過來的人物。此處的「外面」指的並非只是奧地利而已。在德國人眼中，希特勒始終顯得是來自遙不可及的遠方，起初有一陣子好似從天而降，後來——天不憐人——又卑下得彷彿來自地獄最底層的淵藪。

他愛德國人嗎？他為自己挑選了德國，卻並不瞭解德國，而且他從未真正試著去認識德國。德國人是他的選民，因為他與生俱來的權力本能就彷彿磁針一般指向了那個民族，將之視為他那個時代具有最大潛力的歐洲強權。當時的情況確也如此，但德國人唯有身為權力工具的時候才會讓他興致盎然。希特勒對德國懷有雄心壯志，他在這方面與其同輩的德國人取得了交集。當時的德國人是一個野心勃勃的民族——野心勃勃，同時在政治上不知所措。二者合在一起以後就給了希特勒機會。但是德國的野心與希特勒為德國訂出的野心並不能相互涵蓋。比方說，有哪些德國人會想集體遷徙到俄國去？希特勒辨認不出細微的區別所在，等到他掌權以後，對之更是充耳不聞。他對德國懷有的雄心壯志，越來越可以拿來與一個養馬場主人對其馬匹所寄予的深厚期望相比擬。最後希特勒表現得就像一個養馬場的主人，在失望之下心生暴怒，於是把自己最好的馬匹活活打死，因為牠們無法在比賽中獲得勝利。

希特勒為自己設下的最後一個目標，就是要毀滅德國。他未能完全達到這個目的，正好像無法實現自己其他的毀滅性目標一樣。不過他透過那個行動，終於使得德國與之分道揚鑣。此事發生得較預期快了許多，而且來得更加徹底。拿破崙倒台之後三十三年，有一個新的拿破崙當選法蘭西共和國總統。希特勒自殺三十三年以後，任何以希特勒為榜樣、想和他有所牽連的人，在德國政壇都是毫無前途可言的局外人。這只能說是非常好的現象。但比較不好的現象是，年長一代的德國人已將對希特勒的記憶自腦海中排擠出去，而年輕一代的人大多根本就不想對他有所認識。更不好的現象是，許多德國人自從有了希特勒以後，就再也不敢當愛國者。可是德國的歷史並沒有跟隨希特勒一起結束。若有人不相信這一點，甚至因而心懷喜悅，那麼他根本就不曉得，自己如何藉此實現了希特勒的最後願望。

譯名對照表

前言

古多・克諾普（德國著名電視歷史節目製作人）Guido Knopp
戈德哈根辯論 Goldhagen-Debatte
丹尼爾・戈德哈根（哈佛大學政治學教授）Daniel J. Goldhagen
《希特勒心甘情願的劊子手》*Hitler's Willing Executioners*
國防軍論戰 Wehrmachts-Diskussion
漢堡社會研究所 Hamburger Institut für Sozialforschung
萊蒙德・普雷策（哈夫納的原名）Raimund Pretzel
阿沙芬堡（德國中南部的城市）Aschaffenburg
約阿希姆・費斯特（德國歷史學家及新聞記者）Joachim Fest
埃伯哈特・耶克爾（德國歷史學家）Eberhard Jäckel
戈羅・曼（德國歷史學家，湯瑪斯・曼之子）Golo Mann
萊茵區 Rheinland
蘇台德區（德國人居住的波希米亞外圍地區）
Sudetengebiet（Sudetenland）
鮮花戰爭（進軍萊茵、蘇台德和奧地利的行動）Blumenkriege
《凡爾賽和約》*Versailler Friedesvertrag*
騎士十字勳章 Ritterkreuz
大屠殺 Holocaust
洛伊騰（位於西里西亞的古戰場）Leuthen
朗爾馬克（位於比利時的一戰戰場）Langemarck
奧許維茨（奧斯維辛）Auschwitz（Oswiccin）
集中營 KZ（Konzentrationslager）
毀滅營 Vernichtungslager
馬丁・路德Martin Luther
俾斯麥 Otto von Bismarck
慕尼黑蘇維埃共和國 Münchner Räterepublik

世界觀 Weltanschauung
東方的生存空間 Lebensraum im Osten
元首（希特勒）Der Führer
上薩爾茨貝格（希特勒山頂別墅的所在地）Obersalzberg
薩伏那洛拉（十五世紀的佛羅倫斯宗教改革家）Girolamo Savonarola
克倫威爾（十七世紀中葉的英國鐵腕統治者）Oliver Cromwell
埃爾・熙德（十一世紀的西班牙民族英雄）El Cid
柏斯曼（德國教育學家）Dieter Boßmann
第三帝國 Das Dritte Reich
壟斷資本集團之代理人 Agent des Monopolkapitalismus
希特勒氏症 Hitleritis
碧根鮑華（西德的「足球皇帝」）Franz Beckenbauer
赫爾・慕特柯爾（統一德國的西德總理）Helmut Kohl
波里斯・貝克（德國的「網球金童」）Boris Becker

第一章

阿道夫・希特勒Adolf Hitler
一等兵 Gefreiter
愛娃・布勞恩（希特勒的情婦）Eva Braun
葛莉・勞巴爾（希特勒的外甥女）Geli Raubal
羅姆（遭希特勒槍斃的「突擊隊參謀長」）Ernst Röhm
元首指揮總部 Führerhauptquartier
約瑟芬・博阿爾內（拿破崙之妻）Josephine Beauharnais
卡塔琳娜・奧洛夫（俾斯麥仰慕的俄國女性）Katharina Orlow
伊涅莎・阿爾曼德（列寧的情婦）Inessa Armand
希特勒個人崇拜 Hitlerkult
國家社會主義（即納粹主義）Nationalsozialismus
梅特涅（十九世紀上半葉的奧地利宰相）
Klemens Wenzel, Fürst von Metternich
《我的奮鬥》*Mein Kampf*
波希米亞 Böhmen（Bohemia）

摩拉維亞（波希米亞與斯洛伐克之間的「走廊」）Mähren（Moravia）
大德意志 Großdeutsch
小德意志 Kleindeutsch
奧地利皇帝兼匈牙利國王之臣僕
k. u. k.-Untertan（Kaiserlich und Königlich Untertan）
大德意志國 Großdeutsches Reich
德意志奧地利（奧地利共和國之前身）Deutschösterreich
十一月罪行（一九一八年的德國十一月革命）Novemberverbrechen
德意志勞工黨（納粹黨的前身）DA（Deutsche Arbeiterpartei）
國社黨、國家社會主義德意志勞工黨（即納粹黨）
NSDAP（Nationalsozialistische Deutsche Arbeiterpartei）
布克哈特（十九世紀瑞士歷史學家）Jacob Burckhardt
斯提凡・格奧爾格（二十世紀初的德國詩人）Stefan George
史陶芬堡伯爵（一九四四年行刺希特勒的軍官）Claus Graf Stauffenberg
興登堡（德國名將，威瑪共和國總統）Paul von Hindenburg
生存空間之戰 Lebensraum-Krieg
博爾曼（「元首」的秘書）Martin Ludwig Bormann
加芬庫（羅馬尼亞外長）Grigore Gafencu
《霍斯巴赫記錄》（關於希特勒戰爭意圖的記錄）Hoßbachprotokoll
（Hoßbachniederschrift）
諾依拉特（希特勒的外交部長）Konstantin Freiherr von Neurath
布隆貝格（希特勒的國防部長）Werner von Blomberg
弗里奇（陸軍總司令）Werner von Fritsch
雷德爾（海軍總司令）Erich Raeder
戈林（空軍總司令）Hermann Göring
恩斯特・漢夫施添格（納粹黨國際新聞部主任）Ernst Hanfstaengl
戈培爾（納粹德國的宣傳部長）Joseph Goebbels
包祿斯元帥（史達林格勒的德軍降將）Feldmarschall Friedrich Paulus

第二章

圖霍爾斯基（威瑪時代的左派作家）Kurt Tucholsky

突擊隊（納粹的街頭打手部隊）SA（Sturmabteilung）
鋼盔團（威瑪時代的極右派準軍事化組織）Stahlhelm
國旗同盟（威瑪共和國的中間勢力）Reichsbanner
紅色前線戰士同盟（德共的街頭打手部隊）
RFB（Der Rote Frontkämpferbund）
長刀之夜（即一九三四年的「羅姆政變」）Nacht der langen Messer
黑衫隊（黨衛隊）SS（Schutzstaffel）
蓋世太保（國家秘密警察）Gestapo（Geheime Staatspolizei）
十一月罪犯 Novemberverbrecher
艾哈德（西德戰後經濟奇蹟的創造者）Ludwig Erhard
德國共產黨 KPD（Kommunistische Partei Deutschlands）
希亞爾瑪・沙赫特（希特勒的「財政魔術師」）Hjalmar Schacht
賦稅抵償國庫券 Steuergutschein
MEFO 債券 Mefo-Wechsel
冶金研究有限公司 MEFO（Metallurgische Forschungsgesellschaft m.b.H.）
義務勞動役 Arbeitsdienst
布呂寧（威瑪共和末期的總理）Heinrich Brüning
德意志勞動陣線（納粹取代獨立工會的組織）
DAF（Deutsche Arbeitsfront）
國防軍（納粹國防軍）Wehrmacht
古德里安（德國現代化裝甲部隊的建立者）Heinz Guderian
富勒（現代裝甲作戰的先驅）John Frederick Charles Fuller
戴高樂 Charles de Gaulle
薩爾地區（位於德國西南部）Saarland
默美爾地區（立陶宛西南部的狹長地帶）Memelgebiet（Memelland）
蘇台德區德國人 Sudentendeutsche
德意志民主共和國（東德）DDR（Deutsche Demokratische Republik）
德意志聯邦共和國（西德）Bundesrepublik Deutschland
社團國家（義大利法西斯主張的國家形式）Korporativer Staat
墨索尼里（義大利的法西斯獨裁者）Benito Mussolini
無階級社會 Klassenlose Gesellschaft

民族共同體（納粹所主張的社會形式）Volksgemeinschaft
國防軍（威瑪國防軍）Reichswehr
勞施寧（撰書揭發希特勒的前納粹地方要員）Hermann Rauschning
人群的社會化 Sozialisierung der Menschen
全民共有的聯合企業（東德的大型國營企業）Volkseigenes Kombinat
少年團（納粹的少年組織）Jungvolk
少年先鋒隊（東德的少年組織）Jungpioniere
希特勒青年團（納粹的青年組織）HJ（Hitlerjugend）
自由德意志青年團（東德的青年組織）FDJ（Freie Deutsche Jugend）
國防體育運動 Wehrsport
運動與技術協會（東德的青少年軍訓單位）Gesellschaft für Sport und Technik
國家社會主義婦女聯盟（納粹的婦女組織）
Nationalsozialistische Frauenschaft
民主婦女同盟（東德的婦女組織）Demokratischer Frauenbund
工作之美（納粹用於改善工作環境的組織）Schönheit der Arbeit
力量來自歡樂（納粹時代最受歡迎的群眾組織）
KdF（Kraft durch Freude）
希姆萊（黑衫隊及納粹德國警方的領導人）Heinrich Himmler
赫斯（希特勒名義上的副手）Rudolf Hess
大日耳曼國 Großgermanisches Reich
防禦疆界Wehrgrenze

第三章

保護領地（即波希米亞及摩拉維亞）Protektorat
菲格萊恩（愛娃・布勞恩的妹夫）Hermann Fegelein
威瑪共和國 Weimarer Republik
總統內閣（一九三〇至三三年間的德國政府形態）Präsidialkabinett
緊急行政命令（「總統內閣」施政時的依據）Notverordnung
緊急狀態 Notstand
巴本（威瑪共和國末期投機取巧的總理）Franz von Papen
施萊歇爾（威瑪共和國末任總理）Kurt von Schleicher

國民議會（德意志帝國解體後的臨時議會）Nationalversammlung
威瑪聯盟 Weimarer Koalition
《威瑪憲法》*Weimarer Verfassung*
巴登親王Max von Baden
艾伯特Friedrich Ebert
黃金的二〇年代 Goldene zwanziger Jahre
古斯塔夫・史特雷斯曼（二〇年代的德國外長）Gustav Stresemann
赫爾曼・米勒Hermann Müller
胡根貝格（威瑪時代的德國保守派領袖）Alfred Hugenberg
卡斯（威瑪時代後期的中央黨黨魁）Ludwig Kaas
社會民主黨（中間偏左的德國政黨）
　　SPD（Sozialdemokratische Partei Deutschlands）
德意志民主黨（威瑪時代中間偏左的自由派政黨）
　　DDP（Deutsche Demokratische Partei）
中央黨 Das Zentrum
男爵內閣（即巴本內閣）Kabinett der Barone
格爾德勒（被處決的反抗運動領袖）Carl Friedrich Goerdeler
波皮茨（被處決的反抗運動要員）Johannes Popitz
《哥塔貴族譜系手冊》（德國貴族譜系大全）*Gothaisches Adelskalender*
一國社會主義（史達林的社會主義）Sozialismus in einem Lande
基督教民主聯盟（基民黨）
　　CDU（Christlich Demokratische Union Deutschlands）
基督教社會聯盟（基社黨）CSU（Christlich-Soziale Union in Bayern）
波昂（西德的首都）Bonn
《基本法》（西德的憲法）*Grundgesetz*
內維爾・張伯倫（簽訂慕尼黑協定的英國首相）Neville Chamberlain
奧斯丁・張伯倫（簽訂羅加諾公約的英國外長）Austen Chamberlain
《慕尼黑協定》*Münchner Abkommen*
《羅加諾公約》*Locarnovertrag*
施利芬計劃 Schlieffenplan
曼斯坦（二戰時的德國名將）Erich von Manstein

第四章

不可知論者 Agnostiker
傑弗遜（美國第三任總統）Thomas Jefferson
綱領家（希特勒對自己的定義）Programmatiker
亞倫・布洛克（英國的希特勒傳記作者）Alan Bullock
羅伯斯比（法國大革命時期雅各賓黨的領袖）Maximilien Robespierre
優生保育 Höherzüchtung
雅利安人（亞利安人）Arier
人種價值 Rassenwert
人種奮鬥 Rassenkampf
人種學 Rassenlehre
主子民族 Herrenvolk
北歐人種 Nordische Rasse
阿爾卑斯人種 Ostische Rasse（Alpine Rasse）
地中海人種 Westische Rasse（Mediterrane Rassengruppe）
第拿里人種 Dinarische Rasse
國際猶太集團 Das internationale Weltjudentum
希特勒主義 Hitlerismus
唯意志論的 Voluntaristisch
民族大遷移 Völkerwanderung
摩根索（二戰時的美國財政部長）Henry Morgenthau, Jr.
貝特曼—霍爾維格（一戰時的德國總理）Theobald von Bethmann-Hollweg
庫爾特・里茨勒（一戰時的德國總理顧問）Kurt Riezler
德皇威廉二世時代 Die Wilhelminische Epoche
泛德意志派 Die Alldeutschen
滅絕性反猶太主義 Ausrottungsantisemitismus
第二次梵諦岡大公會議 Das Zweite Vatikanische Konzil
宗教性反猶太主義 Religiöser Antisemitismus
社會性反猶太主義 Sozialer Antisemitismus
競爭性反猶太主義 Konkurrenzantisemitismus

阿圖爾・柯斯特勒（二十世紀著名猶太作家）Arthur Koestler
《第十三個部落》*The Thirteenth Tribe*
哈扎爾人（突厥種的猶太教信徒）Khasaren
反猶太主義（反閃米主義）Antisemitismus

第五章

卡爾五世（十六世紀的神聖羅馬帝國皇帝）Karl V（Charles V）
菲利普二世（十六世紀的西班牙國王）Philipp II（Philip II）
耶爾格・馮・烏特曼（德國記者）Jörg von Uthmann
《化身者，你這蒼白的伴侶》*Doppelgänger, du bleicher Geselle*
薩姆埃爾・費雪（猶太裔德國出版界巨擘）Samuel Fischer
馬克斯・萊因哈特（猶太裔奧地利戲劇導演）Max Reinhardt
哥丁根（德國著名的大學城）Göttingen
鄉土風格 Provinzialität
達拉弟（簽訂慕尼黑協定的法國總理）Édouard Daladier
阿爾漢蓋爾斯克（俄國西北部的海港）Archangelsk
阿斯特拉罕（裡海北岸的城市）Astrachan（Astrakhan）
尼伯龍根的忠誠（至死不渝的忠誠）Nibelungentreue
《三國協定》*Dreierpakt*
《日俄中立協定》*Japanisch-Sowjetischer Neutralitätspakt*
斯卡維紐斯（丹麥外長）Erik Julius Christian Scavenius
洛爾科維奇（克羅埃西亞外交家）Ivan Lorkowitsch（Lorcovic）
隆美爾 Erwin Rommel
猶太人問題的最終解決 Endlösung der Judenfrage
萬湖會議（「解決歐洲猶太人問題」的會議）Wannseekonferenz

第六章

屈爾騰（惡名昭著的嗜血殺人魔）Peter Kürten
哈爾曼（最著名的德國連續殺人犯）Friedrich Haarmann
國家利益至上原則 Staatsräson
戰爭罪 Kriegsverbrechen

破壞和平罪 Verbrechen gegen den Frieden
違反人道罪 Verbrechen gegen die Menschlichkeit
戰勝者的司法 Siegerjustiz
蒙哥馬利元帥 Feldmarschall Bernard Montgomery
《凱洛格公約》（《凱洛格－白里安公約》，二戰之前的非戰公約）
Kelloggpakt
凱洛格（美國國務卿）Frank B. Kellogg
白里安（法國外交部長）Aristide Briand
《赫爾辛基協議》*Helsinki-Akte*
席勒（十八和十九世紀之交的德國詩人）Friedrich Schiller
卡爾・施密特（親納粹的德國法學大師）Carl Schmitt
戰爭的藩籬 Hegung des Krieges
《日內瓦公約》*Genfer Konvention*
《海牙陸戰法規》*Haager Landkriegsordnung*
萊因哈德・亨基斯（德國新聞記者）Reinhard Henkys
《國家社會主義之暴力犯罪》*Die nationalsozialistischen Gewaltverbrechen*
海德利希（「蓋世太保」頭子）Reinhard Heydrich
法朗克（波蘭占領區總督）Hans Frank
行政總署（波蘭占領區行政總署）Generalgouvernement
布拉斯科維茨上將（德國波蘭占領軍指揮官）
Generaloberst Johannes Albrecht Blaskowitz
國防軍最高統帥部 OKW（Oberkommando der Wehrmacht）
國防軍最高統帥部一般行政處 Allgemeines Wehrmachtsamt im OKW
特別行動隊 Einsatzgruppen
特列布林卡（納粹毀滅營所在地）Treblinka
索比波（納粹毀滅營所在地）Sobibor
麥達內克（納粹毀滅營所在地）Maidanek
貝爾澤克（納粹毀滅營所在地）Belzec
切姆諾（納粹毀滅營所在地）Chelmno（Kulmhof）
庫姆霍夫（即切姆諾）Kulmhof（Chelmno）
大衛・爾文（英國極右派歷史學家）David Irving

盧布令（波蘭東部的城市）Lublin
帝國水晶之夜 Reichskristallnacht
德利莎城（波希米亞的集中營）Theresienstadt（Terezin）
約克・馮・瓦爾騰堡伯爵（反抗運動人士）Graf Yorck von Wartenburg
什未林・馮・施萬能菲德伯爵（反抗運動人士）
Graf Schwerin von Schwanenfeld
人民法院（納粹政府審判政治犯的機構）Volksgerichtshof
佛萊斯勒（納粹人民法院院長）Roland Freisler
里賓特洛甫（納粹德國的外交部長）Joachim von Ribbentrop
黑維爾（外交部駐元首指揮總部代表）Walther Hewel

第七章

《諸神的黃昏》*Götterdämmerung*
魯登道夫（一戰末期的德國軍事獨裁者）Erich Ludendorff
暴風雨行動（希特勒於一九四四年的逮捕行動）Aktion Gewitter
康拉德・艾德諾（西德首任總理）Konrad Adenauer
庫爾特・舒馬赫（西德社民黨首任主席）Kurt Schumacher
布蘭登堡王室的奇蹟 Das Mirakel des Hauses Brandenburg
內閣戰爭 Kabinettskrieg
國民突擊隊 Volkssturm
亞登地區（位於比利時東南部）Die Ardennen
亞登攻勢（德軍於二戰的最後攻勢）Ardennenoffensive
維斯杜拉河 Weichsel（Vistula）
奧德河（今日德國與波蘭的界河）Oder
艾伯特・施佩爾（希特勒的軍火生產部長）Albert Speer
尼祿命令（希特勒下令在德國毀滅一切的命令）Nerobefehl
但澤 Danzig（Gdansk）
腓特烈大帝（普魯士國王腓特烈二世）Friedrich der Groß（Friedrich II）
紐倫堡 （帝國黨大會的城市）Nürnberg

希特勒大事年表

一八八九年
四月二十日，生於奧匈帝國轄下的布勞瑙。

一九〇七年
未能通過維也納藝術學院的入學考試。

一九一三年
做出人生的第一個政治性決定——遷居德國。他已經不再自視為「奧地利皇帝兼匈牙利國王」之臣僕，而是未來「大德意志國」的公民。

一九一四年
第一次世界大戰爆發，自願加入巴伐利亞陸軍。因作戰英勇獲頒一級與二級鐵十字勳章，但從未晉升至高於一等兵的軍階。

一九一八年
十月，為英軍的毒氣所傷，在後方的軍醫院經歷了戰爭的結束。十一月，德國於戰敗後爆發革命，帝制遭到廢除，威瑪共和建立。希特勒最初的政治意圖開始成形，此即「絕不可讓德國再度出現一九一八年十一月時的情況」。

一九一九年
六月二十八日，《凡爾賽和約》簽訂。九月十二日，希特勒加入德意志勞工黨，成為第五百五十五號黨員。

一九二〇年
二月二十四日，德意志勞工黨轉型為國家社會主義德意志勞工黨。希特勒不僅為黨設計萬字黨徽，還首度於群眾集會上發表演說，一鳴驚人。

一九二一年
突擊隊（SA）成立於巴伐利亞，是效忠希特勒個人的軍事化組織，領導人為其參謀長羅姆。

一九二三年
十一月八日，希特勒與魯登道夫在慕尼黑發動失敗的啤酒館政變。希特勒入獄，國社黨遭到巴伐利亞政府查禁。

一九二五年
二月二十六日，國社黨重組，希特勒成為當然的「元首」。在政變失敗後，希特勒決定改變路線，由武力奪權改為合法奪權。四月七日，宣布放棄奧地利國籍。七月，《我的奮鬥》第一冊出版，隔年第二冊出版，由希特勒的副手赫斯負責主編。建立歐洲集體安全體系的《羅加諾公約》簽訂。

一九二八年
五月二十日，國社黨在國會大選中得票率僅為百分之二點五。

一九三〇年
九月十四日，國社黨在國會大選中得到超過百分之十八的選票，躍居為第二大黨。

一九三一年
九月十八日，外甥女葛莉·勞巴爾舉槍自殺。希特勒稱葛莉是他這輩子唯一愛過的女人。

一九三二年
三月十三日，希特勒出馬競選共和國總統，在四月十日的第二輪投票中敗給連任的興登堡。七月三十一日，國社黨在國會大選中以超過百分之三十七的選票成為第一大黨。十一月六日，威瑪共和最後一次自由選舉，納粹黨得到略遜於上一次大選的百分之三十五的選票。

一九三三年
一月三十日，共和國總統興登堡任命希特勒出任總理。三月五日，國會大廈縱火案發生後六天舉行國會大選，雖然突擊隊不斷攻擊國社黨的政敵，但國社黨仍然以不到百分之四十四的得票率，無法過半。七月，除了國社黨之外，其他的競爭黨派悉數遭到解散。

一九三四年
六月三十日，羅姆政變，突擊隊的領導階層遭到黑衫隊與蓋世太保撲殺。八月二日，興登堡總統去世。

一九三五年
一月，一戰後交付國際聯盟託管的德國西南部薩爾地區，舉行公民投票決定返回德國。五月二十一日，國防軍成立。希特勒決定創建自成一體、獨力行動的裝甲師和裝甲軍團。違反《凡爾賽和約》，恢復義務兵役制度。

一九三六年
三月七日，德國違反《羅加諾公約》，將萊茵地區重新軍事化。

一九三七年
十一月五日，與外交、國防部長及陸海空三軍總司令秘密會談，希特勒透露至遲須於一九四三／四五年以武力解決「德國生存空間問題」，並於一九三八年以「快如閃電的行動」對付捷克與奧地利。

一九三八年
三月十二日，德國合併奧地利。九月二十九日，《慕尼黑協定》簽訂，英國首相張伯倫宣示「我們這個時代的和平」。德國隨即合併蘇台德地區。十一月九日，德國全境出現大規模反猶太行動，史稱「帝國水晶之夜」。

一九三九年
三月十四日，斯洛伐克從捷克斯洛伐克獨立出來。三月十六日，波希米

亞及摩拉維亞成為德國轄下保護領地。三月二十三日，德軍占領一戰以後劃歸立陶宛的默美爾地區。九月一日，德國出兵波蘭。九月三日，英法對德宣戰，揭開第二次世界大戰序幕。

一九四〇年
六月十四日，德軍只用了六週的時間就攻進巴黎。九月二十七日，德日義簽訂《三國協定》，建立防守同盟。

一九四一年
四月六日，德軍入侵南斯拉夫。四月十三日，日蘇簽訂《日俄中立協定》。六月，希臘全國遭到軸心國占領。六月二十二日，德國出兵攻打蘇聯。十二月五日，俄軍從莫斯科展開反攻。十二月七日，日本海軍偷襲珍珠港，翌日美國對日宣戰。十一日，德國與義大利對美宣戰。

一九四二年
一月二十日，黑衫隊及納粹黨政高層於柏林召開「萬湖會議」，針對「猶太人問題的最終解決」做出裁示。

一九四三年
一月十四日至二十四日，羅斯福與邱吉爾在卡薩布蘭卡會議中，將軸心國的無條件投降列為戰爭目標。七月到八月，德俄雙方在庫斯克進行史上最大規模坦克會戰，德軍敗退。

一九四四年
六月六日，盟軍登陸諾曼第。七月二十日，由史陶芬堡伯爵策劃的暗殺希特勒行動失敗。八月二十二日，「暴風雨行動」逮捕拘禁了五千名威瑪共和時代的政壇人物。十二月十六日至二十七日，希特勒發動最後一次攻勢，這場「亞登戰役」耗盡了德軍的預備軍力。

一九四五年
一月十二日，俄軍突破東戰場的防線，從維斯杜拉河挺進至奧德河畔。

三月，盟軍度過萊茵河。三月十八日元首指令，德西百姓全數撤離；十九日元首指令，銷毀所有可存活的基本條件，此即「尼祿命令」。四月二十五日，美蘇會師於易北河畔的托爾高。四月三十日，在柏林的掩體與愛娃・布勞恩舉槍自盡，死前二十四小時與布勞恩秘密成婚。得年五十六歲。

左岸 | 歷史256

破解希特勒（2017年新版）

Anmerkungen zu Hitler

作　　者　賽巴斯提安．哈夫納（Sebastian Haffner）
譯　　者　周全
總 編 輯　黃秀如
封面設計　黃暐鵬
內頁排版　宸遠彩藝

社　　長　郭重興
發行人暨出版總監　曾大福
出　　版　左岸文化／遠足文化事業股份有限公司
發　　行　遠足文化事業股份有限公司
23141新北市新店區民權路108-2號9樓
電　　話　02-2218-1417
傳　　真　02-2218-8057
客服專線　0800-221-029
E-Mail　rivegauche2002@gmail.com.tw
左岸臉書　https://www.facebook.com/RiveGauchePublishingHouse/
法律顧問　華洋法律事務所 蘇文生律師
印　　刷　成陽印刷股份有限公司
初　　版　2005年08月
二　　版　2010年01月
三版一刷　2017年08月
三版五刷　2022年05月
定　　價　350元

ISBN　978-986-5727-60-4

國家圖書館出版品預行編目資料

破解希特勒 / 賽巴斯提安・哈夫納(Sebastian Haffner)著；周全譯. -- 三版. -- 新北市：左岸文化出版：遠足文化發行, 2017.08

面；　公分. -- (左岸歷史；256)

譯自：Anmerkungen zu Hitler

ISBN 978-986-5727-60-4(平裝)

1. 希特勒(Hitler, Adolf, 1889-1945)　2.傳記

784.38　　106011603